O Cristão e a Política

NIKOLAS FERREIRA

O Cristão
E A Política

DESCUBRA COMO VENCER A GUERRA CULTURAL

Editora Vida
Rua Conde de Sarzedas, 246 — Liberdade
CEP 01512-070 — São Paulo, SP
Tel.: 0 xx 11 2618 7000
atendimento@editoravida.com.br
www.editoravida.com.br
@editora_vida /editoravida

Editora-chefe: Sarah Lucchini
Padronização: Eliane Viza Barreto
Revisão: Paulo Oliveira
Revisão de provas: Rosalice Gualberto
Coordenadora de design gráfico: Claudia Fatel Lino
Projeto gráfico e diagramação: Marcelo Alves de Souza
Capa: André Faria

O CRISTÃO E A POLÍTICA
© 2023, by Nikolas Ferreira

Todos os direitos desta edição em língua portuguesa são reservados e protegidos por Central Gospel Editora Ltda. pela Lei 9.610, de 19/02/1998, com distribuição exclusiva por Editora Vida.

É proibida a reprodução desta obra por quaisquer meios (físicos, eletrônicos ou digitais), salvo em breves citações, com indicação da fonte.

■

Exceto em caso de indicação contrária, todas as citações bíblicas foram extraídas da versão *Almeida Revista e Corrigida (ARC) 2009, SBB.* Todos os direitos reservados.

Todas as citações bíblicas e de terceiros foram adaptadas segundo o Acordo Ortográfico da Língua Portuguesa, assinado em 1990, em vigor desde janeiro de 2009.

■

As opiniões expressas nesta obra refletem o ponto de vista de seus autores e não são necessariamente equivalentes às da Editora Vida ou de sua equipe editorial.

Os nomes das pessoas citadas na obra foram alterados nos casos em que poderia surgir alguma situação embaraçosa.

Todos os grifos são do autor, exceto os indicados.

1. edição: 2022
2. edição: set. 2023

Dados Internacionais de Catalogação na Publicação (CIP)
(Câmara Brasileira do Livro, SP, Brasil)

Ferreira, Nikolas
   O cristão e a política : descubra como vencer a guerra cultural / Nikolas Ferreira. – 2. ed. – Guarulhos, SP : Editora Vida, 2023.

   Bibliografia.
   ISBN 978-65-5584-449-8
   e-ISBN 978-65-5584-454-2

   1. Cultura 2. Cristianismo 3. Cristianismo e política 4. Ideologia 5. Política - Aspectos religiosos I. Título.

23-168884   CDD-261

Índice para catálogo sistemático:
11. Política e religião : Teologia social   261
Eliane de Freitas Leite - Bibliotecária - CRB 8/8415

Sumário

PREFÁCIO 7
INTRODUÇÃO 11
PALAVRA INICIAL 17
1. Karl Marx 23
2. A Escola de Frankfurt 31
3. Antonio Gramsci 49
4. Paulo Freire 55
5. Primeira arma de influência política:
    Ativismo LGBT 61
6. Segunda arma de influência política:
    Ideologia de gênero 73
7. Terceira arma de influência política:
    Universidades 85
8. Quarta arma de influência política:
    Feminismo 107
9. Quinta arma de influência política:
    Cultura 131
CONCLUSÃO 143
BIBLIOGRAFIA 151
SOBRE O AUTOR 155

Prefácio

A BÍBLIA É UMA ENCICLOPÉDIA DE PEQUENOS LIVROS, que versa sobre vários assuntos, cujo tema principal é Cristo. Significa dizer que nós podemos — e devemos — tratar de quaisquer questões deste mundo, pois Deus e sua Palavra não excluem a cidadania terrena.

Cristãos e não cristãos precisam fazer a si mesmos uma pergunta: quais são as razões de muitos desejarem alijar o povo de Deus do processo político? Quais argumentos têm sido utilizados para fazer-nos crer que não podemos participar dos debates sociais?

Uma das frases prediletas daqueles que nos querem ver fora das discussões é esta: "O Estado é laico". Sim, o Estado é laico, isto é, não possui uma religião oficial, mas ele não é laicista, ou seja, não é contrário a qualquer manifestação religiosa. Além disso, a política não é laica, pois ela representa os anseios de um povo, sejam estes ateístas, filosóficos, cristãos ou de qualquer outra natureza.

Michael Sandel, um dos mais importantes filósofos do nosso tempo, diz que toda convicção religiosa é bem-vinda ao debate político, pois não se pode dissociar as crenças e os valores de um grupo das discussões sociais.

O apóstolo Paulo, em Romanos 12.2, revela-nos o instrumento mais poderoso para renovação da mentalidade de todo aquele que vive neste mundo tenebroso: "Não vos conformeis com este mundo [...]".

O ser humano é um ser social, e o Diabo sabe disso. Então, só há uma maneira de você transformar este mundo: renovando o seu entendimento. Você pode, sim, ser um agente de conversão de mentalidades e, por essa razão, não pode deixar de anunciar aquilo em que você crê, onde quer que esteja. Dessa forma, ou nós cremos naquilo para o que entregamos a nossa vida, ou assumimos que estamos apenas participando de uma *brincadeira religiosa*.

Você é luz? Então, prepare-se para ser atacado. Isso aconteceu comigo e acontece com todo aquele que decide posicionar-se. As agressões começam a vir daqueles que estão dentro da igreja, daqueles que pensam que nós estamos em uma guerra política apenas para defender interesses pessoais, quando, na verdade, estamos lutando contra os perigos que se apresentam ali adiante.

A maior parte das pessoas que nos ataca, quando nos posicionamos politicamente, não tem ideia do que foi a União das Repúblicas Soviéticas; não sabe o que o comunismo fez com essas nações; não sabe o que aconteceu depois da perestroika; não sabe das proibições de pregar o Evangelho; não sabe que a revolução comunista matou mais de 100 milhões de pessoas, entre as quais estavam cristãos.

Nikolas é um jovem que chamou a minha atenção. Eu envelheci e, por essa razão, muitos olham para mim e pensam: "Ah, Pr. Silas é um homem de Deus, mas é *coroa*". Nikolas é um rapaz que mostra, para você e para mim, que há pessoas nesta geração que já descobriram qual é o *jogo*. Sabendo disso, ele decidiu marcar posição.

Quando eu vejo o Nikolas, lembro-me do que a Bíblia diz em Eclesiastes 11.1: "Lança o teu pão sobre as águas, porque, depois de muitos dias, o acharás". Muitas vezes, perguntei-me: *Será que está valendo a pena? Será que alguém está observando? Será que vou deixar um legado? Será que alguém verá o que estamos fazendo?* Então, quando vejo um moço que acompanhou a nossa luta, sobre o qual pudemos exercer alguma influência, agradeço a Deus, pois entendo que o nosso trabalho não foi em vão.

Por isso, digo a você: onde você estuda, onde você mora, onde você interage, você é o maior pregador do mundo. É com você que Deus conta para alcançar as pessoas deste tempo. Se você tem cinco seguidores, por esses cinco você é responsável.

Nikolas, cujo pai é pastor, não pertence a uma megaigreja, sua família não tem tradição política, mas ele foi o segundo vereador mais votado de Belo Horizonte porque decidiu posicionar-se. E, se Deus permitir, sua carreira política será longa e próspera.

Que a partir da leitura deste livro você entenda que está sendo chamado para influenciar. Se uma única pessoa consegue arrebanhar muitas outras, imagine várias. Faça parte dessa geração audaciosa, que não tem medo de enfrentar essa guerra cultural. Não permita que essa geração seja perdida para ideologias do inferno. O Senhor lhe dará discernimento espiritual, abrirá portas à sua frente e concederá a você autoridade para vencer o Inimigo.

Boa leitura,

Silas Malafaia

Introdução

DESDE QUE COMECEI A APRESENTAR ESSA PALESTRA, que agora se tornou um livro, não me recordo de nenhum dia em que a ministrei que tivesse sido igual, mesmo se tratando do mesmo tema. Por cada igreja que passei, foi uma experiência nova. Ficava espantado, confesso, quando pessoas aceitavam a Jesus em uma palestra sobre política. Isso acontecia porque não era sobre política, mas, sim, sobre propósitos nascendo ou sendo reativados.

Tudo começou quando elaborei essa palavra para a minha igreja, em 2019, com o objetivo de alinhar os princípios e valores cristãos no coração dos membros. Jamais imaginei que, após três anos, estaria ministrando essa mesma palavra nos Estados Unidos e em seis países da Europa. Lembra que eu disse que era sempre uma experiência nova, mesmo sendo a mesma palestra? Isso era muito real! Deus sempre trazia algo diferente, uma força inabalável e uma alegria em servi-lo. Cansativo? À beça! Mas quando via rostos de crianças, adolescentes e jovens cheios de lágrimas e impactados, o cansaço sumia imediatamente. E sempre que estava a caminho de casa, Deus me incomodava para que eu deixasse essa ministração disponível para qualquer pessoa, a qualquer hora. Mas como eu faria isso?

Quando Hitler assumiu o poder da Alemanha, e Che Guevara, o de Cuba, eles queimaram diversos livros e literaturas da antiga cultura, para que esta fosse esquecida e apagada da História. Naquela época, não existiam mídias sociais como as de hoje, restavam apenas os livros. Ainda hoje, com a imensa quantidade de redes *on-line*, estamos à mercê de perseguições e de cancelamentos de contas. Além disso, há uma alta probabilidade de perdermos a nossa liberdade na *internet*. Não vou esperar que isso aconteça para eternizar minhas palavras.

Não foi por acaso que Deus nos deixou um livro, a Bíblia Sagrada. Muitas pessoas morreram para que a Bíblia estivesse hoje em nosso colo. E desconsideramos esse sacrifício ao deixá-la de lado. Guerras, perseguições e mortes não foram capazes de impedir a continuidade desse livro. O livro é o único instrumento que temos para eternizar o que foi dito. Todos os filósofos, estudiosos e pensadores fizeram o mesmo: eternizaram seus pensamentos por meio da escrita. Como dizia o Padre Antônio Vieira: "O livro é um mudo que fala, um surdo que responde, um cego que guia, um morto que vive". Como eu gosto de aprender com os grandes, resolvi fazer o mesmo.

São inúmeros os relatos e depoimentos de pessoas que foram ensinadas a não misturar religião e política. Talvez você seja uma delas. Mas depois que essas pessoas escutaram minha palestra, a visão delas mudou por completo. Neste livro, tive a oportunidade de aprofundar mais cada tema, o que não era possível fazer em apenas uma hora ou uma hora e meia de ministração. Estou convencido de que, ao ler este livro, sua visão também mudará, ou sua compreensão sobre cristianismo e política será ampliada.

Além de ter a oportunidade de conhecer cada canto do Brasil e de ver suas peculiaridades, seja a sua diversidade cultural, sejam as pessoas, as comidas e os ambientes, também pude viver dentro da política. Dediquei meus fins de semana, feriados e meios de semana à noite a esse ministério. Mas, ao longo do dia, estive envolvido em meu compromisso com meu cargo de vereador, em Belo Horizonte. Cada dia mais, pude perceber que a política é muito mais ampla do que meras reuniões, discursos, projetos de lei e debates em plenários. A política estava no dia a dia. E, ao mesmo tempo que ficava feliz em saber que estava abrindo os olhos de centenas de milhares de pessoas, ainda havia muito trabalho a ser feito. Parecia-me que, enquanto fazíamos um livro pró-vida, a esquerda produzia cinquenta em prol da morte de crianças no ventre, cinco filmes, três documentários e centenas de manifestações. Estamos perdendo de lavada, e isso sempre me incomodou muito.

O que o incomoda? O que você almeja mudar? Quais são os seus desejos? Quem você quer influenciar? Essas são perguntas que você deve fazer todos os dias, caso ainda não tenha encontrado as respostas. E, afinal, o que isso tem a ver com política? Tudo! Esqueça tudo que você sabe sobre política. Vou mostrar a você uma política diferente do que sempre costumou ouvir. O cristão não pode olhar para uma sociedade que mata crianças no ventre e não se compadecer com isso. Ignorar a empreitada de movimentos *gays* para destruir a natureza humana e nutrir ódio pelo Evangelho é, por fim, aceitá-la. Fechar os olhos para os professores que utilizam o ambiente escolar a fim de moldar almas para o progressismo e raptá-las da Igreja não é um ato de amor, mas de covardia. É mais fácil trancar-se dentro da Igreja do que enfrentar a realidade: a de que estamos em guerra.

O professor Olavo de Carvalho dizia que "se a sua ânsia de agir é maior que a sua ânsia de compreender, sua ação sempre será incompreensível". Segui essa afirmação à risca. Por mais que meu coração ficasse inquieto com tudo que estava acontecendo, eu precisava canalizar essa inquietude para a compreensão do que eu estava vivendo. Pensei em denunciar, em confeccionar faixas expondo tudo o que estava acontecendo de errado no meio "gospel". Pensei em milhares de estratégias para explicar aos cristãos que estávamos perdendo influência em todas as áreas. Mas coloquei apenas uma coisa em prática: recolhi-me ao meu quarto, segurei minha ânsia de agir e passei a compreender. Confiei em Cristo e coloquei o meu coração à disposição dele.

E, hoje, estou aqui, eternizando essa semente que foi colocada em meu coração há anos.

O sal é uma substância vital para os seres humanos. Além disso, ele conserva, dá gosto e possui diversas outras propriedades. Que este livro seja como o sal para você, não servindo somente para conservá-lo ou para ser vital ao seu intelecto, deixando seu estudo com mais "gosto", mas para lhe dar sede! O sal também dá sede. Você se lembra disso?

Que a partir daqui você tenha sede de conhecer mais. Que a cada capítulo o Espírito Santo o conduza a sentir um inconformismo com o que está acontecendo ao nosso redor. "Um chamado nasce quando algo o deixa inconformado". Que muitos chamados nasçam, que muitos inconformados surjam, e que Cristo seja sempre exaltado. Esse é o meu desejo.

Palavra inicial

QUANDO SE FALA EM POLÍTICA, PERCEBE-SE, DE MANEIRA geral, que as pessoas têm certa aversão ao tema, especialmente quando as discussões se atrelam aos fundamentos do cristianismo.

Com este livro, quero mostrar a você que a Igreja tem colhido frutos muito amargos por sua recusa em participar das questões relacionadas à *polis*.

Em João 18.36,37 (NTLH), lemos o seguinte:

> Jesus respondeu: — O meu Reino não é deste mundo! Se o meu Reino fosse deste mundo, os meus seguidores lutariam para não deixar que eu fosse entregue aos líderes judeus. Mas o fato é que o meu Reino não é deste mundo!
>
> Então você é rei? — perguntou Pilatos.

> — É o senhor que está dizendo que eu sou rei! — respondeu Jesus. — Foi para falar da verdade que eu nasci e vim ao mundo. Quem está do lado da verdade ouve a minha voz. O que é a verdade? — perguntou Pilatos.

Merece destaque, nessa porção do texto bíblico, a pergunta de Pilatos: *O que é a verdade?* Rapidamente se percebe na pergunta do governador da Judeia uma tentativa de relativizar a verdade.

Quantos de nós já não ouvimos alguém dizer: "Ah, mas a minha verdade é diferente da sua. Você pode achar que está correto, mas eu também posso acreditar que estou". Esse pensamento acerca da verdade é uma clara relativização daquilo que Jesus disse a seu próprio respeito: "Eu sou [...] a verdade" (João 14.6).

O evangelista João dá-nos ciência de que Pilatos *lavou as mãos* no julgamento de Jesus. Ele não quis envolver-se pessoalmente no veredicto. O governador romano adotou uma postura de neutralidade diante das decisões que envolviam a vida de um inocente. E o que aconteceu? Jesus foi condenado à morte. Pilatos tinha poder para livrar um homem justo da cruz, mas ele preferiu deixar a sentença final nas mãos do povo.

O que aprendemos com o julgamento de Cristo é que todas as vezes que deixamos de nos manifestar em sua defesa, permitimos que outras pessoas pensem o que quiserem a respeito dos seus ensinamentos e mandamentos. Em outras palavras, significa dizer que, quando nos omitimos em relação à pessoa de Jesus, nós o condenamos ao juízo de terceiros.

Talvez na sua família, na sua universidade ou no seu trabalho, você esteja deixando de se posicionar politicamente, e, em razão dessa omissão, muitas pessoas estão conhecendo o Salvador por intermédio de cidadãos que não têm um relacionamento pessoal com ele.

Durante todo o período da graduação, eu pude perceber o quanto o cristão é hostilizado na universidade. Foi nessa ocasião que o Senhor trouxe a mim o tema que deu origem a este livro: *O Cristão e a Política*. Eu já entrei na faculdade com instrumentos para atacar tudo aquilo que pretende desestruturar os pilares do cristianismo, seguindo o pensamento de que a moderação na defesa da verdade é serviço prestado à mentira, como disse Olavo. Mas, infelizmente, nem todos os universitários tomam para si essas ferramentas de combate.

Chamados para influenciar

Quando se fala em política, é possível que você pense em questões partidárias. Mas, como você verá neste livro, a política vai muito além dessa simples acepção. A política é, acima de tudo, a ação que tem o poder de influenciar pessoas. Deste modo, pode-se dizer que fazemos política todos os dias, não é mesmo? Quando conversamos com uma pessoa e a influenciamos, estamos fazendo política.

Durante muito tempo, os cristãos recusaram-se a fazer política. O futebol, a televisão, os filmes e toda a produção cultural eram considerados "coisas do capeta". E o que o capeta fez? Tomou-os para si. Qual foi, então, o resultado dessa omissão? Estudos[1] demonstram que 70% dos jovens cristãos que entram nas universidades abandonam a fé. Por que isso acontece?

Somos seres tricotômicos, ou seja, somos formados pela junção de corpo, alma e espírito. O corpo físico é nutrido com alimentos; o espírito, com a Palavra de Deus, oração e jejum; mas e a alma? A alma é nutrida com conhecimento. Infelizmente, não temos dado alimento sólido para impedir que os nossos jovens sejam *engolidos* pelas ideologias deste tempo.

Nós estamos perdendo a guerra que foi deflagrada em nossa mente há séculos! E não teremos como sobreviver aos ataques ao nosso intelecto se não alimentarmos nossa alma com a verdade bíblica.

Infelizmente, temos feito vista grossa para o fato de que os adolescentes, de 13 e 14 anos, já têm acesso, por exemplo, à pornografia e aos conceitos difundidos pela ideologia de gênero. Muitos desses meninos e meninas já sabem, pelo mundo, tudo sobre sexo.

Não sei por qual razão muitas igrejas insistem em tratar os seus adolescentes e jovens como seres ingênuos que não compreendem nada. Precisamos acordar para esta realidade: nós os estamos perdendo para o mundo porque estamos nos ausentando da arena política; estamos perdendo os nossos jovens porque estamos abrindo mão da necessidade de influenciar pessoas.

---

1 Disponível em: <https://noticias.gospelmais.com.br/estudo-faculdade-faz-jovens--abandonem-igreja-86337.html#:~:text=A%20faculdade%20funciona%20como%20um%20choque%20de%20realidade,durante%20os%20anos%20de%20forma%-C3%A7%C3%A3o%20no%20Ensino%20Superior>. Acesso em: 03 maio 2022.

Não se esqueça de que no exato momento que você lê estas páginas, há inúmeros influenciadores, digitais e analógicos, modificando corações e mentes.

Precisamos, de uma vez para sempre, compreender que fomos nomeados *embaixadores de Cristo* para mudar esta geração. Por esse motivo, convido você a refletir sobre alguns temas que têm permeado todo o debate político, contra os quais a Igreja precisa posicionar-se de maneira firme e criteriosa.

Nas páginas que se seguirão, trarei diversos conceitos e abordagens que precisam ser assimilados por todos aqueles que desejam, de fato, entrar nesta guerra para vencer, pois não é possível tecer qualquer debate profundo sem identificar os principais expoentes e teorias anticristãos e sem compreender, minimamente, a maneira como se estrutura a política nacional.

"SÓ OS TOLOS ACREDITAM QUE POLÍTICA E RELIGIÃO NÃO SE DISCUTEM. POR ISSO OS LADRÕES CONTINUAM NO PODER E OS FALSOS PROFETAS CONTINUAM A PREGAR."

C. H. SPURGEON

1

Karl Marx

PAULO, EM SUA CARTA AOS EFÉSIOS, FALA SOBRE A necessidade de a Igreja estar atenta e preparada para lutar contra as *astutas ciladas* do Diabo.

"Revesti-vos de toda a armadura de Deus, para que possais estar firmes contra as astutas ciladas do diabo; porque não temos que lutar contra carne e sangue, mas, sim, contra os principados, contra as potestades, contra os príncipes das trevas deste século, contra as hostes espirituais da maldade, nos lugares celestiais" (Efésios 6.11,12 - ARC).

Não podemos perder de vista o fato de que, assim como Deus utiliza pessoas para atuarem em seu Reino, o Diabo utiliza pessoas para militarem a favor do seu império.

Tudo que abordarei neste livro tem um único objetivo: fazer com que você compreenda, de uma vez por todas, que nós estamos em uma *guerra*. Mas, infelizmente, até aqui, muitas pessoas ainda não se deram conta dessa triste realidade.

Em que, afinal, consiste a teoria marxista?

Certo dia, uma mãe me disse: "Minha filha tem sofrido grande pressão na escola. Os colegas perguntam por que ela não é bissexual, por que ela não é homossexual ou por que ela não fica com meninas".

Acredite ou não: essas ideias têm sido passadas para os nossos jovens de forma cotidiana. E o que temos feito a respeito disso? Muito pouco. Em Israel, um menino de 12 anos precisa saber de cor o Pentateuco. E na Igreja? Infelizmente, temos posto foco em outras demandas, esquecendo-nos de que a prática do Evangelho precisa ser racional (cf. Romanos 12.1).

A mente dos nossos jovens precisa estar preparada para contrapor-se aos ataques do Inimigo. Deus nos deu um cérebro; por isso, precisamos usá-lo por completo.

Há pessoas — que nem vivas estão mais — destruindo a alma de outras e fazendo com que os jovens percam o foco. Uma delas — talvez a principal — é Karl Marx.

Muito possivelmente você já ouviu falar dele. Aliás, em qual aula de filosofia ou sociologia ele não aparece, não é mesmo? Pois então, no capítulo 2 do *Manifesto Comunista*, livro que ele escreveu com Friedrich Engels, está escrito:

Abolição da família! Até os mais radicais se assustam com este propósito infame dos comunistas.

Sobre quais fundamentos se assenta a família atual, a família burguesa? Sobre o capital, sobre o proveito privado. Em sua forma completamente desenvolvida, a família tradicional é uma instituição burguesa e existe somente na burguesia.

Primeiro erro

Qual é o primeiro erro dessa afirmação? Quem instituiu a família? Deus. Então, o conceito de *família* não foi criado na burguesia. Marx quer fazer-nos crer que a instituição *família* passou a existir a partir do que se convencionou chamar de *burguesia*.

Em que consiste, afinal, a teoria marxista? Nessa fala de Marx, está explícito que ele busca destruir tudo que é de *proveito privado*, isto é: empresas e, por último, a família, para que se atinja um *estado de perfeição*.

Em outras palavras, seria o mesmo que dizer: "Olha, para que as coisas se tornem iguais no mundo, é preciso promover uma luta de classes, uma luta armada. O proletário, o trabalhador, deve lutar — armado — contra a burguesia para atingir um *estado de perfeição*".

Marx, de fato, acreditava que, acabando com a iniciativa privada, a família seria naturalmente destruída. Em essência, essa é a base do socialismo: se você não consegue conquistar algo, destrua-o.

Segundo erro

Eis que aparece, então, o segundo grande erro dessa teoria: Marx terceiriza a responsabilidade do Paraíso para o homem. Russel Kirk, no livro *A Política da Prudência*, fala sobre o princípio da imperfectibilidade, que diz que um ser imperfeito não tem condições de criar algo perfeito.

Deste modo, pergunto: sendo nós imperfeitos, podemos criar uma ordem social perfeita? Obviamente, não. Ao propor o estabelecimento do Paraíso na Terra, os marxistas trouxeram, na realidade, o inferno! No século XX, na humanidade inteira, morreram mais pessoas pelas teorias marxistas do que por outras razões quaisquer.

Terceiro erro

O mais intenso e extenso erro do marxismo não é outro senão este: onde há marxismo, há perseguição aos cristãos.

O evangelista romeno Richard Wurmbrand, em sua autobiografia, intitulada *Torturados por Amor a Cristo*, fala sobre as torturas que sofreu de comunistas soviéticos.

Wurmbrand passou por diversos períodos no cárcere. Ele experimentou sofrimentos terríveis: foi ridicularizado, espancado, submetido a queimaduras e congelamento; passou por tentativas de lavagem cerebral e muitas outras agressões. Por horas a fio, os comunistas lhe diziam: "Ninguém ama mais você, ninguém ama mais você, ninguém ama mais você".

Wurmbrand diz no livro que, quando os comunistas chegaram à Romênia, o primeiro grupo que eles cooptaram foi a Igreja. Eles dominaram a cúpula eclesiástica (sacerdotes, pastores e bispos) e seduziram-na com palavras de amor: "Nós vamos ajudá-los, vamos dar assistência". E o que aconteceu?

O autor informa que, para pregar o Evangelho, eles tinham de colocar as dez primeiras páginas do livro de Marx dentro da Bíblia — eles não podiam simplesmente entregar a Palavra de Deus às pessoas. A liberdade do cristão foi então cortada.

Uma das formas de tortura consistia em deixar os cristãos de pé em uma espécie de caixão com pregos e giletes. Enquanto eles ficavam estáticos, firmes, seus corpos não eram perfurados, mas, com o cansaço, conforme suas forças se esvaíam, seus rostos, braços e pernas eram cortados.

Outro tipo de tortura a que os cristãos eram submetidos era a câmara gelada. Na câmara, havia apenas uma báscula, que possibilitava os médicos verificarem se eles estavam prestes a morrer. Quando estavam quase morrendo, os cristãos eram retirados para se reaquecerem e, em seguida, eram colocados outra vez dentro da câmara gelada.

No entanto, nem assim Wurmbrand desistiu de anunciar o Evangelho de Cristo. A seguir transcrevo o que ele chamava de "derrotar o comunismo por meio do espírito amoroso de Cristo":

> Presos na solitária, não conseguíamos mais orar como antes. Nossa fome era inimaginável, havíamos sido dopados até que ficamos como idiotas. Éramos só pele e osso. A Oração do Senhor era longa demais para nós. Não conseguíamos nos concentrar o suficiente para dizê-la. Minha única oração, repetida vez outra vez, era: "Jesus, eu te amo". E, então, em um dia glorioso, recebi a resposta de Jesus: "Você me ama? Agora eu lhe mostrarei como eu o amo". Naquele instante, senti em meu coração uma chama que ardia como o sol [...]. Eu conheci o amor daquele que deu sua vida na cruz por todos nós.

Torturados por Amor a Cristo não é um livro anticomunista, nem eu quero falar mal dos comunistas; pretendo simplesmente relatar o que aconteceu; e o que aconteceu foi isso.

É possível ser comunista e cristão?

Não é incomum ouvir por aí: "Ah, eu sou cristão e comunista". Das duas uma: ou a pessoa não sabe nada sobre comunismo, ou a pessoa não sabe nada sobre cristianismo. Comunismo cristão é tipo uma bola quadrada, ou um judeu nazista, ou um casado solteiro. Não faz o menor sentido. Como chegamos a esse ponto?

Jesus era socialista? Não, porque ele jamais defendeu uma luta de classes; nunca pediu para alguém pegar em armas para produzir justiça. Pelo contrário, Jesus multiplicou o pão; ele não o dividiu.

"APENAS HOMENS SINGULARMENTE BONS PODEM SE OFENDER TÃO PROFUNDAMENTE COM O MAL."

ERIC VOEGELIN

2

A Escola de Frankfurt

É POSSÍVEL QUE, HOJE, AO OLHAR PARA AS TEORIAS marxistas, alguém pense: "Isso não está no nosso dia a dia; eu já ouvi falar de Marx, mas isso ficou na escola, ele não influencia meu cotidiano". Engano seu... Essa teoria evoluiu e chegou à Escola de Frankfurt.

A Escola de Frankfurt, na Alemanha, inicialmente batizada de Instituto de Pesquisa Social, foi inaugurada em fevereiro de 1923. Ela surgiu pela iniciativa de alguns pensadores alemães, socialistas, que tinham por objetivo trazer de volta os ideais revolucionários de Karl Marx. Eles queriam reviver o comunismo russo em solo europeu, mas com uma roupagem diferente.

O período era de grande turbulência social em todo o mundo, porque a Primeira Guerra Mundial tinha deixado muita destruição pelos caminhos da Europa.

Alguns anos após a sua fundação, por volta de 1931, e sob a direção de Max Horkheimer, a missão do Instituto Social ficou concentrada no campo da Filosofia Social. O principal objetivo do Instituto Social era resgatar o socialismo científico do marxismo.

Entre os principais pensadores da Escola de Frankfurt estão:

- Max Horkheimer: filósofo e sociólogo alemão, principal teórico da Escola de Frankfurt.
- Theodor W. Adorno: filósofo, sociólogo, musicólogo e compositor alemão.
- Friederich Pollock: cientista social, filósofo e economista marxista alemão.
- Felix Weil: acadêmico e filantropo argentino de origem alemã.
- Herbert Marcuse: sociólogo e filósofo alemão naturalizado norte-americano.
- Jurgen Habermas: filósofo e sociólogo alemão que esteve envolvido na tradição da Teoria Crítica e do pragmatismo.
- Ernst Bloch: um dos principais filósofos marxistas alemães do século XX. A sua teoria é fundamentada na *utopia*.
- Erich Fromm: psicanalista, filósofo humanista e sociólogo alemão.

- Walter Benjamin: ensaísta, crítico literário, tradutor, filósofo e sociólogo judeu alemão.

Não apenas os ideais sociais revolucionários de Karl Marx influenciaram esses pensadores alemães, mas também figuras como Emanuel Kant, Hegel, Max Weber e Sigmund Freud.

A Escola de Frankfurt bebeu nas fontes das teorias revolucionárias do marxismo na sua tentativa de frear o progresso da industrialização, dos meios de produção e da propriedade privada.

Os socialistas alemães queriam colocar a Europa em retrocesso, porém a roda do mundo sempre gira para frente e nunca para trás.

O tempo era favorável ao ganho de capital e à melhoria das condições de vida em sociedade, que passou a ser cada vez mais urbana, moderna e com novas necessidades.

Os pensadores de Frankfurt, remando contra a maré da evolução, com as suas utopias totalmente fora da nova realidade ocidental, principalmente na Europa e nos Estados Unidos, achavam que as famílias deveriam viver em comunidades coletivas, tendo a mulher-mãe, a matriarca, como sustentação do povo.

Para a Escola de Frankfurt, o capitalismo, com o seu senso de individualismo, era uma afronta aos valores universais de uma vida justa e igualitária.

Os socialistas alemães passaram então a denunciar as dominações capitalistas, políticas, culturais e até psicológicas da sociedade moderna da época. Para eles, o capitalismo era o grande vilão, responsável pela paralisia das consciências revolucionárias e das críticas do período em que viviam, marcado fortemente pela Revolução Industrial.

No modelo socialista, o Estado garantiria os serviços públicos básicos, assim como as condições de subsistência a todos. A mulher teria o papel importante da procriação e cuidado dos filhos, dos seus próprios filhos e os de outras mães da comunidade. E todos viveriam em harmonia sem a ganância capitalista.

A vida nos aspectos comunitário, pacífico e igualitário levaria ao povo o que os socialistas alemães consideravam como *amor fraterno e coletivo*.

Em resumo, como implantar o modelo social marxista em uma Alemanha em pleno desenvolvimento produtivo e econômico?

Os socialistas de Frankfurt insistiam na barca furada. Para eles, o ego enfraquecia as pessoas que compunham uma família tradicional. Isso era devido à disputa que se formava, ao desejo de dominância do lar e ao consequente rompimento dos laços por orgulho e ganância. Eis a obra do capitalismo.

Por mais que eles quisessem enfraquecer a família tradicional, sabemos que essa guerra não acontecia apenas no passado, mas ocorre também atualmente. A Bíblia diz: "E, como foi nos dias de Noé, assim será também a vinda do Filho do Homem" (Mateus 24.37), ou seja, sempre houve e tem havido uma "depravação moral em alta escala", como classifica o Pr. Silas Malafaia.

Como amar o outro, verdadeiramente, nessa situação em que o dinheiro vem na frente de tudo? Eis um dos tantos pensamentos revelados pelas obras alemãs da Escola de Frankfurt.

E a linha do pensamento socialista alemão seguia por outros devaneios. Para eles, a industrialização também era culpada pelo surgimento dos patrões, que oprimiam os seus empregados.

A burguesia, a classe dona dos meios de produção, dominaria o proletariado, o povo trabalhador, e "sugaria a sua alma", deixando os patrões mais ricos e o povo cada vez mais pobre.

E tem mais: para a Escola de Frankfurt, as famílias deveriam ser formadas em grupos maiores; as crianças seriam cuidadas por pais comunitários; haveria espaço para troca de casais, em uma espécie de fraternidade *nojenta* e contrária às leis de Deus.

Outra crítica consistente dos lunáticos pensadores alemães era sobre a propriedade privada. Esta tornava impossível o sonho socialista da vida em grupos comunitários. As famílias capitalistas eram pequenas e cuidavam apenas uns dos outros. Bens e capital acumulados transferiam-se às próximas gerações da mesma família e nunca seriam repartidos em comunidade.

Para os estudiosos socialistas alemães, tal dinâmica levaria a sociedade a ficar cada vez mais desigual e injusta. Os ricos ficariam mais ricos, e os pobres, mais pobres a cada nova geração.

Aos socialistas fazia sentido que as comunidades familiares fossem matriarcais. Isso quer dizer que os papéis da mulher enquanto mãe, cuidadora dos filhos e zeladora do lar fossem da maior importância para a harmonia coletiva.

No capitalismo, é o homem, o patriarca da família, quem dá as cartas dentro do lar. Ele, como chefe de família, teria reduzido a quase nada o papel da mulher na sociedade, segundo os pensamentos da Escola de Frankfurt.

Essas foram algumas das ideias que orientaram o sonho irrealizável dos pensadores alemães da Escola de Frankfurt. Além disso, quiseram brecar a evolução humana por meio do desenvolvimento das tecnologias, da produção industrial em escala, da criação de grandes centros urbanos, da elaboração de novos postos de trabalho, enfim, do amplo desenvolvimento socioeconômico e cultural, não só da Alemanha, mas de toda a Europa e grande parte do mundo.

Teoria crítica

Os socialistas alemães, do Instituto Social, criaram a chamada Teoria Crítica[1], que orientaria a produção de um vasto material teórico em busca da destruição de tudo aquilo que possuía valores morais e princípios. Para resumir: destruição do Ocidente e quem o construiu. Assim, essa teoria passou a ser o guia para todas as ações futuras da *"new left"*.

O Instituto Social peregrinou por vários países da Europa para fugir do regime nazista. Por volta de 1933, com Hitler

---

1   A Teoria Crítica foi o eixo central da Filosofia Social do Instituto Social da Escola de Frankfurt.

no comando, a Europa sentia o impacto dos regimes fascista e nazista.

Não havia mais condições de o Instituto Social permanecer em qualquer parte da Europa. Então, em 1937, houve a sua transferência para Nova York. Engraçado não terem ido para Cuba ou Coreia do Norte, não é mesmo? Hoje, o espaço que o abriga, nos EUA, é conhecido como International Institute of Social Research — um nome bonito para não ficar tão na cara que se trata de um instituto pró-esquerda.

Durante os anos em que o Instituto ficou itinerante pelo mundo, muitas de suas teorias se perderam ou sofreram alterações por mudanças de pensamentos. A partir de 1950, o único ponto em comum com as teorias da Escola de Frankfurt continuou sendo a Teoria Crítica.

O amor capitalista

A Escola de Frankfurt, com a visão bastante distorcida sobre a ideal formação da família, bem como de seus laços de afeto e amor, produziu obras que atacaram ferozmente as famílias tradicionais que migraram do campo para as cidades.

O amor também entrou na roda dos pensamentos socialistas equivocados, que defendiam que o casamento foi algo inventado pelo capitalismo para uma amarração conjugal puramente de ordem econômica, ou seja, por influência direta do dinheiro.

Deus, no entanto, valoriza tanto o casamento que, no livro de Gênesis, formou a primeira família:

> Assim Deus criou os seres humanos; ele os criou pareci-
> dos com Deus. Ele os criou homem e mulher e os abençoou,
> dizendo: — Tenham muitos e muitos filhos; espalhem-se por
> toda a terra e a dominem. (Gênesis 1.27,28 - NTLH)

Ainda sobre os socialistas, para eles, o amor deveria ser livre, e a troca de casais, natural. Afetos e demonstrações de amor, até mesmo as relações sexuais, deveriam ser livres, o que não condiz com os preceitos cristãos.

Assim, o casamento, aos olhos socialistas, funcionava como uma prisão em que duas pessoas eram obrigadas a viver juntas, principalmente para conquistar bens materiais, acumular dinheiro e deixar tudo para os seus descendentes.

Logo, para eles, toda forma de amor era válida, livre e plenamente possível, sem reservas nem constrangimentos pelas trocas sucessivas de parceiros. Em algumas situações, nem existe amor, apenas devassidão e pecado. Ainda hoje existem essas ideias absurdas, porque o ser humano tornou-se igualmente absurdo em muitas coisas.

Como cristãos, entendemos que o casamento é uma instituição divina. O amor e o sexo entre o homem e a mulher, dentro do casamento, é abençoado por Deus.

Dessacralização do casamento

A Escola de Frankfurt negava as leis de Deus para a condução moral da humanidade. Para os pensadores socialistas, a Igreja era apenas uma antessala do projeto de poder capitalista burguês.

Com o apoio da Igreja, a elite capitalista poderia dominar mais tranquilamente os meios de produção e as riquezas materiais, explorando e oprimindo os operários no chão de fábrica.

A Bíblia, no entanto, não dá margem para interpretações distorcidas e mentirosas sobre as verdades de Deus. Nela, está escrito que o homem deixa o seu pai e a sua mãe para se unir com a sua mulher (cf. Gênesis 2.24), formando um casal e um só corpo, para a constituição de uma nova família, que há de gerar descendentes, frutos do amor daqueles que decidiram se unir com a bênção de Deus.

É evidente que a vida conjugal não é um *mar de rosas*, mas o amor também se manifesta nas dificuldades do casal e, santificado pelo casamento, requer paciência, indulgência, abnegação e companheirismo.

O amor do casal se traduz em conviver na alegria e na tristeza, na saúde e na doença, na abundância ou na escassez de recursos.

O que os socialistas de Frankfurt pretendiam com as suas teorias do "amor livre"? Eles queriam dessacralizar o casamento, ou seja, tirar as bênçãos de Deus. E ainda mais: desacreditá-lo, reduzi-lo a ponto de associá-lo à completa e irreal inversão de valores.

Herbert Marcuse, em seu livro *Eros e civilização*, dizia que a repressão sexual fazia o norte-americano ser um amante desenfreado do capitalismo; então, a solução para acabar com isso seria promover uma "revolução sexual".

Quando nos deparamos com o discurso *"make love, not war"* (faça amor, não faça guerra), podemos pensar que se trata de algo bom. Todavia, não podemos nos esquecer de que, com discursos ardilosos, marxistas em todo o mundo têm escondido suas verdadeiras intenções.

Aparentemente, trata-se de um belo *slogan*, que encantou a juventude com a retirada das tropas americanas da Guerra do Vietnã.

Já nos anos 60, tudo aquilo que fora planejado pela Escola de Frankfurt resultaria em famosos festivais, como o de Woodstock, que defendeu abertamente a liberação sexual, as drogas e o *rock n'roll*. E, claro, os ideólogos marxistas utilizaram esse gênero musical para aliciar os jovens. Isso não quer dizer que o *rock* é de Satanás. Pelo contrário. Só avalie a fonte de onde está saindo esse solo de guitarra. *Jesus rocks*.

Grande foi o esforço dos senhores socialistas para destruir os lares e dizimar as famílias.

Desconstrução da cultura judaico-cristã

Tudo que vimos até aqui sobre as ideias socialistas da Escola de Frankfurt já é suficiente para o entendimento de que tais propostas sociais não faziam o menor sentido para o mundo moderno.

Relembrando algumas pautas socialistas:

- Negação de Deus e da religião.
- Destruição da família tradicional formada por um casal (homem e mulher) pelo combate ao casamento.
- Abominação a todas as formas de capitalismo.
- Apoio a relacionamentos afetivos livres e descomprometidos.

- Naturalização da homossexualidade.
- Liberação de opioides.

Mas essas questões mudaram de figura quando os socialistas de Frankfurt se dispuseram a mexer com mais apetite em questões religiosas, na tentativa de desconstruir a milenar cultura judaico-cristã. Eles queriam resgatar o ateísmo marxista e condicionar a evolução da humanidade a critérios de seleção natural. Como cristãos, entendemos que era muita audácia da parte deles entrar nesse campo de combate ideológico. Lutar contra as milenares tradições judaico-cristãs com os discursos ateístas vazios? Os socialistas deveriam ser realmente loucos.

Para eles, a Igreja e todos os aspectos religiosos não eram mais do que instrumentos do capitalismo para subjugar o pensamento livre, colocar cabresto moralizante nas pessoas e impedi-las de viver a sua própria natureza com autonomia. Segundo eles, fé, pecado, virtuosidade, regras e princípios morais, como o dízimo e a comunhão entre irmãos, eram meras enganações e mentiras para manter o homem aprisionado ao sistema capitalista e ganancioso do qual a Igreja funciona como ponte.

Vemos, assim, que a heresia e a blasfêmia, combinadas com uma subversão maligna, atingiam um grau máximo nas teorias socialistas, na Alemanha, na Rússia e em qualquer outra parte do mundo onde se plantaram as bandeiras do inimigo de Deus.

De fato, em memória desses socialistas, valem as palavras do Mestre Jesus: "Pai, perdoa-lhes, porque não sabem o que fazem" (Lucas 23.34).

Papel da Igreja: apoio ao conceito cristão de família

Cada tempo tem a sua realidade. Hoje, é principalmente no campo da política que se lançam ideias e teorias de como deveria ser a formação de uma sociedade ideal, já que os velhos problemas de outros tempos também existem atualmente, como a grande desigualdade social.

A Escola de Frankfurt, por meio das teorias tiradas do túmulo de Karl Marx, fez com que os seus pensadores atacassem os valores morais da família, que é a base de qualquer sociedade civilizada.

Atacar a família é atacar os valores cristãos. A família é uma instituição divina. O próprio profeta Daniel, ao louvar e celebrar a Deus, chamou-o de *Deus de meus pais* (cf. Daniel 2.23), mostrando que a família é fundamental na formação do caráter e da personalidade dos indivíduos.

Os valores cristãos e as instituições firmadas pela Igreja, como o casamento, vieram a ser postos em xeque, de maneira grosseira, pelos socialistas daquela época.

Ainda hoje, os esquerdistas sonham com tais ideais para destruir a família pela queda dos valores tradicionais, conservadores e cristãos. E o Maligno, por sua vez, sugere tais loucuras às cabeças fracas para a destruição da obra de Deus.

A Palavra de Deus é clara sobre o papel do homem e o da mulher no casamento, descrito em Efésios 5.22-29 (ACF):

> Vós, mulheres, sujeitai-vos a vossos maridos, como ao Senhor; porque o marido é a cabeça da mulher, como também Cristo é a cabeça da Igreja, sendo ele próprio o salvador do corpo. De sorte que, assim como a Igreja está sujeita

a Cristo, assim também as mulheres sejam em tudo sujeitas a seus maridos. Vós, maridos, amai vossas mulheres, como também Cristo amou a Igreja, e a si mesmo se entregou por ela, para a santificar, purificando-a com a lavagem da água, pela palavra, para a apresentar a si mesmo igreja gloriosa, sem mácula, nem ruga, nem coisa semelhante, mas santa e irrepreensível. Assim devem os maridos amar as suas próprias mulheres, como a seus próprios corpos. Quem ama a sua mulher,' ama-se a si mesmo.

Quanto aos filhos, há também uma recomendação em Efésios 6.1-3 (ACF):

Vós, filhos, sede obedientes a vossos pais no Senhor, porque isto é justo. Honra a teu pai e a tua mãe, que é o primeiro mandamento com promessa; para que te vá bem, e vivas muito tempo sobre a terra.

A Igreja usa do bom senso e de valores divinos preestabelecidos em quaisquer épocas da humanidade. A família continua sendo formada por pai, mãe e filhos, como era no princípio. Ela, portanto, será sempre abençoada por Deus. Não podemos nos esquecer de que o amor há de reinar no seio familiar, mesmo que as dificuldades da vida balancem as estruturas do lar.

Vale mencionar que o amor não se revela apenas na bonança e nos momentos de alegria e prazer. Ele se faz presente também nos piores momentos, pois "tudo sofre, tudo crê, tudo espera, tudo suporta" (1 Coríntios 13.7 - ACF).

Se não tivéssemos a Bíblia como alicerce, e o Espírito Santo como guia, homens e mulheres viveriam como animais selvagens, guiados por suas próprias vontades e desejos.

O cristão, por sua vez, tem de se apegar aos mandamentos, aos ensinamentos das Escrituras, que, mesmo após séculos e séculos, têm mantido o ser humano no caminho do bem: "Aquele que tem ouvidos, ouça o que o Espírito diz às igrejas" (Apocalipse 3.6).

Portanto, tenhamos cuidado com os falsos cristos e falsos profetas do caminho. O Diabo encontra neles morada. Logo, lutemos também para preservar a família, baseando-nos sempre no que dizem as Escrituras e sendo direcionados pelo Espírito Santo de Deus.

Sempre que nos deparamos com afirmações aparentemente boas, isoladas de seu contexto original — nessas bases, aliás, firmam-se as ideologias —, temos de tomar cuidado.

Fé *versus* ideologia

Quase todo mundo compreende que ideologia é somente um conjunto de ideais, de convicções e de princípios que formam os valores de determinados grupos sociais e políticos, vinculados ou não à Igreja. Mas é importante saber a origem de cada termo. Afinal, como dizia a minha e a sua mãe: "Você não é todo mundo".

Napoleão Bonaparte foi o primeiro a utilizar a palavra *ideologia* para definir seus opositores. Para ele, seus antagonistas eram pessoas que possuíam ideias falsas ou ilusórias, que não condiziam com a realidade.

Assim, é possível afirmar que cristãos não possuem ideologias; cristãos possuem uma *cosmovisão* (uma lente por meio da qual enxergam o mundo). E essa lente está fundamentada na Palavra de Deus. É diferente!

Cristãos, movidos pelo amor a Jesus, têm na Bíblia a sua regra de fé e prática. A Escritura é quem deve direcionar os atos e as palavras de todo seguidor de Cristo. *E, na cosmovisão cristã, atos têm consequências:* "O Deus de amor também é o Deus legislador e não deixará o pecado impune".

Nós não sobrepomos a realidade a uma ideologia, isso pode ser devastador. Nós olhamos para a realidade e a encaramos como ela é.

Primeiros sinais da influência frankfurtiana na cultura ocidental

Depois de algum tempo, apareceram os resultados, já pincelados anteriormente, dos estudos e das pesquisas que foram implementados, ao longo do tempo, na cultura ocidental.

Por volta dos anos 60, surgiram movimentos pró-legalização do aborto. Talvez você pense que essa questão passou a ser problematizada recentemente. Não. Há muito tempo já querem matar crianças no ventre.

Não se engane: tudo que hoje é gritado nas ruas, um dia foi sussurrado nas escolas. Os opositores da Igreja compreenderam que a formação da sociedade não se dará mais pelas armas, mas, sim, pela cultura.

Em resumo, ao analisar as principais teorias da Escola de Frankfurt, temos o confrontamento entre as coisas de Deus e as do Maligno:

- Casamento *versus* Libertinagem.
- Família *versus* Grupos camaradas.

- Amor familiar *versus* Amor coletivo.
- Valores morais *versus* Ritmo dissoluto.
- Propriedade privada *versus* Comunas.
- Patriarcado *versus* Matriarcado.
- Religião *versus* Ateísmo.

"NÃO HÁ NADA MAIS DIFÍCIL DO QUE FAZER ALGUÉM TOMAR CONSCIÊNCIA DA SUA INCONSCIÊNCIA PROGRESSIVA."

OLAVO DE CARVALHO

3

Antonio Gramsci

ANTONIO FRANCESCO GRAMSCI NASCEU EM ALES, NA Itália, em 22 de janeiro de 1891, e faleceu em Roma, em 27 de abril de 1937. Morreu jovem, aos 46 anos, depois de ter passado oito anos preso por ter lutado contra o fascismo em sua pátria.

Notório intelectual de sua época, Gramsci foi político, jornalista, linguista, crítico literário, historiador e filósofo, tendo cunhado as suas teorias ideológicas no berço do marxismo.

Alguns dos principais inspiradores da obra de Gramsci foram os socialistas científicos Karl Marx, Friedrich Engels e Vladimir Lenin. Só gente boa...

Antonio Gramsci fundou o Partido Comunista Italiano. Ele foi preso por Mussolini, o verdadeiro fascista, por suas ideias serem consideradas revolucionárias.

Costuma-se dizer que "a solidão é a mãe das obras". A prisão proporcionou a quietude para uma mente agitada. Gramsci, sozinho e no silêncio do seu cárcere, desenvolveria as teorias mais devastadoras para a humanidade.

À luz de interpretações marxistas, Gramsci procurou organizar as coisas que afetam diretamente a vida humana. Ele desenvolveu um conceito chamado "hegemonia cultural", que deu base para uma dominação mais fácil da esquerda em todo o mundo.

Hegemonia cultural

Em sua teoria, Gramsci separou *poder* de *hegemonia*: *poder* estaria relacionado ao poder do Estado sobre a administração pública, o exército e a polícia; e *hegemonia* estaria relacionada ao domínio psicológico das massas.

De acordo com o entendimento gramscista, seria preciso comandar psicologicamente as pessoas, de cabeça em cabeça, de família em família, de mente em mente — tática conhecida como "agressão molecular". Desse modo, aos poucos, seria possível alcançar o que se pretendia: a *hegemonia cultural*.

Assim, em vez de destruir a Igreja, como acontecia em Moscou, seria preciso infiltrar-se nela; em vez de matar cristãos, seria preciso infiltrar-se no cristianismo; ou seja, não se destruiria o que estava posto, ao contrário, uma nova cosmovisão seria criada pela deturpação da realidade.

Para Gramsci, importava o desenvolvimento coletivo, e não o esforço individual. Logo, a conquista da hegemonia cultural seria feita de forma pedagógica, por meio da ética e da política, de modo a ser possível "captar as mentes" para as ideias *corretas* da sociedade, que se referiam ao *modus operandi* socialista.

"Captar as mentes" tinha a ver com a doutrinação em massa, enquanto a hegemonia cultural *correta* deveria ser alcançada por meio da luta contra as outras direções de pensamentos, pela arma da conscientização em massa, que só poderia ser alcançada mediante uma educação focada no fanatismo.

No caso de Gramsci e de outros teóricos socialistas, esse fanatismo nada tinha a ver com aspectos religiosos. Muito pelo contrário. Os comunistas, os socialistas e os esquerdistas daquela época eram ateus, de maneira geral, e não consideravam Deus nem qualquer aspecto religioso em suas teorias sociais.

Para Gramsci e seus seguidores, o homem era um *produto do meio*, uma criação histórica, e não natural; portanto, a engrenagem de uma sociedade que não precisava de fé naquilo que fosse transcendental ou divino.

Então, quando se observa essa realidade, percebe-se que muitas pessoas seguem determinadas agendas sem se darem conta da influência gramscista. Por quê? Porque esse é o grande feito de Gramsci: levar as pessoas a fazerem parte de uma agenda, sem elas saberem que estão fazendo parte.

Basicamente, o Estado precisava ter um imperativo categórico divino: ele teria de ser invisível, silencioso e onipresente; isto é, seria preciso que ele estivesse em todo lugar, sem que o víssemos ou o escutássemos. Eis a fórmula para uma revolução cultural bem-sucedida.

Infelizmente, é isso o que acontece na atualidade: você liga a televisão, tem adultério; abre uma revista de moda, tem pornografia; conversa com um professor, tem destruição de valores; entra na universidade, tem manipulação de comportamento; abre um jornal, tem glamourização do crime.

— Eu vejo Gramsci.

— Com que frequência?

— O tempo inteiro.

O sexto sentido agora faz mais sentido.

Deixa-se de ser algo palpável, algo para o qual você olhe e possa identificar com facilidade. Não está mais vermelho, não tem mais foice ou martelo — e pode até negar ser de esquerda. Muitos comunistas, aliás, andam com a Bíblia debaixo do braço e deturpam princípios básicos da fé. Muitos se valem dessa artimanha para ganhar poder, eleitores e para instrumentalizar o cristianismo.

Princípios da educação sob a ótica de Gramsci

A teoria educacional de Gramsci propõe o conceito de "escola unitária", no sentido de que a escola humana não se resume ao que se aprende em sala de aula. Segundo ele, a experiência de vida também provoca um efeito na relação de trabalho, em que se combinam o intelecto e a aprendizagem dos ofícios industriais.

É importante considerar que a época em que Gramsci viveu e formulou as suas obras sociais foi marcada por grande efervescência da Revolução Industrial. Já o princípio da unidade, da "escola unitária", que uniria o ensino escolar à prática do trabalho, representaria a formação social básica de todos os cidadãos.

Juntos, os cidadãos operários formariam o proletariado, ou seja, a mão de obra massiva das indústrias da época. Uma classe social e culturalmente hegemônica.

A educação, além da sala de aula, principalmente no chão de fábrica, cumpriria o papel de moralizar o ser humano e dotá-lo de capacidade intelectual para a construção de uma hegemonia social nas esferas pública e privada da sociedade.

Tudo isso parece muito lindo na teoria. E quando se lê, não se percebe o real perigo da proposição: a escola deixaria de ser um campo de *produção* de conhecimento para tornar-se um campo de *reprodução* de conhecimento; o estudante tornar-se-ia um ativista; o professor, um agente da revolução; e a sala de aula, o campo para a transformação cultural.

Basta uma breve análise na história da educação pública do Brasil para percebermos como seus intentos foram bem-sucedidos. Nunca se produziu tantos militantes, e a fábrica ainda continua a todo vapor.

"

O BRASIL TEM MUITOS ALUNOS, MAS POUCOS ESTUDANTES."

PIERLUIGI PIAZZI

4

Paulo Freire

> As relações pais-filhos, nos lares, refletem, de modo geral, as condições objetivo-culturais da totalidade de que participam. E, se estas são condições autoritárias, rígidas, dominadoras, penetram nos lares que incrementam o clima de opressão. (Paulo Freire)

PAULO FREIRE É CONSIDERADO O PATRONO DA EDUCAÇÃO no Brasil, segundo uma lei assinada por Dilma Rousseff, enquanto Presidente da República. De fato, é difícil saber qual dos dois fez mais estragos.

Em 1968, ele lançou a *Pedagogia do Oprimido*. Com esse livro, Freire levou a teoria do "Círculo de Cultura", de Antônio Gramsci, para dentro das escolas.

De acordo com os pressupostos dessa teoria, os trabalhadores se reuniriam em círculos nas fábricas para dialogar, a fim de tornarem-se *novos homens*.

Paulo Freire levou essa base ideológica para dentro da sala de aula. Na prática, é simples: os alunos não abrem mais um livro; não fazem mais uma pesquisa; não destrincham mais os pensamentos de um filósofo; antes, são levados a participar de discussões rasas e manipuladas pelos professores, que tomam conta da sala.

Atualmente, o que se vê é que a educação foi instrumentalizada. O professor utiliza-se de sua posição superior hierárquica para conduzir os alunos a determinado posicionamento, exaltando as posições favoráveis a ele e diminuindo as que são contrárias. Cria-se, assim, um ambiente de completo controle.

Eu me recordo que, na universidade, os alunos que mais relativizavam a verdade, dizendo que "não há verdades absolutas", concordavam integralmente com o professor, ou seja, para estes, "não há verdades absolutas", exceto a do professor. Irônico, não?

Mas voltemos a Paulo Freire. Martim Vasques da Cunha, em artigo especial para a *Gazeta do Povo*[1], traz uma perspectiva interessante a esse respeito. Segundo Cunha, o dito-cujo é tratado por todos os seus biógrafos como um *santo*. Não se encontra, em toda a sua vida,

---

1 Disponível em: <https://www.gazetadopovo.com.br/educacao/novos-livros-tentam-esconder-a-insignificancia-de-paulo-freire-no-mundo-das-ideias/>. Acesso em: 02 maio 2022.

uma mácula sequer. Ele não dava margem a ambiguidades, nem a pontos de vista diversos de sua orientação socialista. Nas palavras de Cunha:

> Até mesmo as falhas que possam existir em seus empreendimentos mais famosos, em termos educacionais, como a "lendária" alfabetização de 40 horas em Angicos, em 1963, e a frustrada implementação [desse sistema de ensino] na Guiné-Bissau, colônia portuguesa africana, a partir de 1975 são redimidas[2].

Sobre a metodologia de ensino, Freire dizia que a grande maioria dos professores *ditava* as aulas, sem discutir as ideias com seus alunos, isto é, na visão freirista, tratava-se de uma escola que não atendia às necessidades de seu tempo.

De acordo com Cunha, para Paulo Freire:

> "Atender às necessidades do seu tempo" significava implementar a igualdade entre o aluno e o professor por meio de um processo revolucionário, que sintetizaria o marxismo com o catolicismo de esquerda (via Teologia da Libertação), o qual teria como intenção principal "a libertação do sujeito oprimido por aquilo que Freire chamava de 'Educação Bancária'"[3].

Na Educação Bancária, de acordo com o próprio Freire:

> O educador é sempre o que educa. O educando, ou seja, o aluno, é o educado. O educador é o que sabe. Os educandos são os que não sabem. O educador é o que pensa.

---

2   Idem. Acesso em: 02 maio 2022.
3   Idem. Acesso em: 02 maio 2022.

> Os educados são os objetos pensados. O educador é o que fala. Os educandos são os que escutam. Os educadores são os sujeitos. Os educandos são os objetos.

Esse jogo de palavras é típico de quem se move divulgando as teorias marxistas. No fundo, esse conceito propõe algo muito pior: acabar com a figura do professor, para torná-lo apenas um *facilitador*.

Na perspectiva de Freire, o professor tornar-se-ia apenas "mais um" na sala de aula. Já não seria uma pessoa capacitada, com profundo conhecimento técnico, que estaria apta a ensinar. Já não haveria diferença entre aprender Português com a Cíntia Chagas ou com o Tiririca, por exemplo. Ambos seriam meros *facilitadores*. Pensamentos como os de Paulo Freire deformam a realidade. Literalmente. "Talvez seja hora de reconhecermos que, como educador, ele foi um bom revolucionário", como disse o professor Rafael Nogueira.

Infelizmente, a visão freirista virou uma tendência de sua época, que, aos poucos, apoderou-se dos meios acadêmicos.

Na universidade em que estudei, havia dias em que eu parecia o Matias do filme *Tropa de Elite*. Toda hora eu tinha de levantar a mão para ressignificar as falas dos professores. Certo dia, meu professor de Política disse que Jesus era canibal. Motivo? A Santa Ceia. Eu tive de levantar a mão para explicar algo básico para os cristãos: o significado dos elementos da ceia — o pão *representa* o corpo, e o vinho *representa* o sangue; e tudo é feito em *memória* de Cristo, o Salvador.

Lembro-me de outro caso excepcional: um jovem ateu chegou para mim e perguntou se Deus tinha nariz; eu disse que, para ser sincero, eu nunca havia pensado naquilo, mas achava que ele tinha. Não satisfeito, o rapaz disse que se Deus tinha nariz, não usava, porque não precisa de oxigênio. Concordei com o rapaz, dizendo que, realmente, Deus não precisa de oxigênio. Por fim, querendo *lacrar* para cima de mim, o jovem disse: "Ah, então nós não fomos *feitos à imagem e semelhança de Deus*".

Eu pergunto a você agora: como estamos formando pessoas como essas dentro das universidades? Esses *debates* aconteciam na u-n-i-v-e-r-s-i-d-a-d-e, que deveria ser o espaço de produção da alta cultura do país. Esse tipo de discurso tem servido como *armas*, que são utilizadas para influenciar os jovens politicamente.

É necessária uma mentalidade diferente para vencer o grande perigo do anti-intelectualismo. Se começarmos um programa de recuperação do respeito à verdade nas universidades, precisaremos, talvez, de um século para retomá-las das mãos da esquerda.

"

VOCÊ PODE
IGNORAR A REALIDADE,
MAS NÃO PODE IGNORAR
AS CONSEQUÊNCIAS DE
IGNORAR A REALIDADE.

AYN RAND

5

Primeira arma de influência política: Ativismo LGBT

NOS CAPÍTULOS ANTERIORES FORAM APRESENTADOS OS principais formuladores de teorias anticristãs, as quais foram, paulatinamente, entranhando-se em nossa sociedade. Há muitos nomes nesta lista, mas dentre eles destacam-se: Karl Marx, membros da Escola de Frankfurt, Antonio Gramsci e Paulo Freire.

A partir deste capítulo, serão apresentadas as principais armas utilizadas pelos adeptos das teorias marxistas para influenciar politicamente os jovens cristãos e, por que não dizer, toda a Igreja.

Quando compreendemos que a família é a base da sociedade — no Oriente ou no Ocidente —, e que nenhuma nação, em tempo algum, buscou mudar a estrutura da família (homem, mulher e sua prole), entendemos que há, sim, um ataque deflagrado contra a primeira instituição divina. Mas não se engane: o plano não é destruir "a" família, mas, sim, destruir "a sua" família.

O ativismo LGBT é a primeira grande arma utilizada no debate público atual. Ativistas LGBT formam o grupo mais radical e intolerante da Terra. Pode-se discordar de tudo, menos deles. Não acredita? Faça o teste. Depois volte aqui.

Muitas pessoas, ao entrar nesse tema, acabam não diferenciando os homossexuais dos ativistas LGBT. São duas coisas completamente diferentes. O homossexual, de modo geral, reivindica aceitação, respeito e direitos. O ativismo LGBT luta por imposição.

Quando começou o ativismo LGBT?

O ativismo LGBT surgiu após uma rebelião ocorrida em 1969, nos EUA, em um bairro predominantemente *gay*, o *Greenwich Village*, em Manhattan. Na ocasião, *gays*, lésbicas, travestis e *drag queens* enfrentaram a repressão policial.

No Brasil, em 1978, o grupo *gay* denominado *Somos* teria sido o primeiro a movimentar-se na seara política. Esse grupo existiu até 1983 e influenciou a formação de outros grupos similares na década de 80. De lá para cá, a bandeira LGBT, representada pelas cores do arco-íris, agregou muitos movimentos ativistas que defendem os direitos sociais do público *gay*.

E por que esses movimentos cresceram tanto ao longo das últimas décadas? Justamente porque a esquerda percebeu que eles eram mais úteis para a revolução se estivessem *vivos*. Em vez de matar e perseguir, agora a esquerda iria dar todo o suporte para que os ativistas LGBT atingissem seus objetivos na sociedade. Se Che Guevara estivesse vivo, seria complicado explicar essa mudança de estratégia para ele.

Por um lado, enquanto a esquerda estava imbuída de municiar esse grupo contra os cristãos, por outro lado, os cristãos estavam evitando conversar sobre esse tema. Erro grave. Perdemos muito tempo ao tentar aprender a conduzir adequadamente esses temas dentro de nossas igrejas. Formar jovens capacitados em argumentação e prepará-los para enfrentar essas ideologias não estava na lista de prioridades das lideranças. Mas dá tempo de recuperar.

Há muitos perigos implícitos nesta incursão LGBT pelo mundo afora.

A seguir, veremos exemplos da incursão de ativistas LGBT na política nacional.

Ação movida contra a Confederação Brasileira de Futebol (CBF)

Recentemente saiu uma notícia[1] dizendo que a Justiça do Rio de Janeiro estava dando 48 horas para a CBF explicar

---

1 Disponível em: <https://www.cnnbrasil.com.br/esporte/justica-do-rj-da-48-horas--para-cbf-explicar-por-que-selecao-nao-usa-o-numero-24/#:~:text=R%C3%BAssia-,Justi%C3%A7a%20do%20RJ%20d%C3%A1%2048%20horas%20para%20CBF%20explicar%20por,n%C3%A3o%20usa%20o%20n%C3%BAmero%2024&text=O%20Tribunal%20de%20Justi%C3%A7a%20do,24%20para%20identificar%20seus%20jogadores>. Acesso em: 03 mar. 22.

por que a Seleção Brasileira não usava o número 24 na camisa para identificar seus jogadores. O Brasil seria o único país que disputa a Copa América a não utilizar o número 24.

A ação foi movida pelo *Grupo Arco-Íris de Cidadania LGBT*. Na petição, o grupo cita a conotação histórico-cultural que envolve o número 24 e a associação que é feita com os *gays*.

A CBF manifestou-se por intermédio dos seus advogados, afirmando que "a decisão de não ter um camisa 24 na Copa América foi *desportiva e por mera liberalidade* do meio-campista Douglas Luiz, que usa o uniforme 25, e da comissão técnica"[2].

Houve, nesse caso, uma imposição para que a CBF ordenasse o uso de determinado número na camisa da seleção brasileira. Caso a CBF ou os jogadores se recusassem a fazê-lo, por quaisquer razões, seriam tachados de homofóbicos, transfóbicos, fascistas, racistas, etc. O nome disso? Imposição.

Projeto de Lei do Senado nº 134, de 2018

Há, na Câmara e no Senado, vários projetos em curso, visando a abolir toda e qualquer identificação da família tradicional, composta por homem, mulher e filhos.

Justificam seus defensores que esse modelo se dissolveu no tempo e que, por essa razão, suas designações devem

---

2 Disponível em: <https://www.espn.com.br/artigo/_/id/8872256/camisa-24-justica-arquiva-caso-e-descarta-multa-a-cbf-por-nao-utilizacao-do-numero-na-selecao-brasileira>. Acesso em: 04 mar. 2022.

ser extintas. No fim das contas, segundo eles, a perpetuação de classificações rígidas serve apenas para constranger os filhos das novas composições familiares.

O PL 134, de 2018, de autoria da Comissão de Direitos Humanos e Legislação Participativa, obteve parecer favorável da então senadora Marta Suplicy. O Artigo 32 do referido PL propõe:

> Nos registros de nascimento e em todos os demais documentos identificatórios, tais como carteira de identidade, título de eleitor, passaporte, carteira de habilitação, não haverá menção às expressões "pai" e "mãe", que devem ser substituídas por "filiação".

Nas palavras de Marta Suplicy:

> A sociedade é representada pelo parlamento. E os deputados e senadores devem legislar pensando que vivemos em estado laico e que temos de assegurar a todos os seus direitos de cidadania. Não faz nenhum sentido deixar uma parte da população brasileira sem direitos na forma de lei, e isso por pura omissão. Não se justifica, de modo algum, nem por alegar questão religiosa, pois isso não está em discussão. Fé cada um tem a sua e todos devem respeitar. Também, quando se coloca na lei direitos iguais aos homossexuais, ou aos trans na comparação com pessoas heterossexuais ou que nascem e têm identificação com a sua biologia, não estamos, de modo algum, tirando nada de ninguém[3].

---

3 Disponível em: <https://ibdfam.org.br/noticias/6595/Senadora+Marta+Suplicy+ressalta+a+import%C3%A2ncia+da+aprova%C3%A7%C3%A3o+do+Estatuto+da+Diversidade+Sexual+e+de+G%C3%AAnero+para+a+sociedade>. Acesso em: 04 mar. 2022.

Esse projeto, que pretende abolir as designações *pai* e *mãe* em documentos identificatórios, ainda está em tramitação no Senado Federal.

Além disso, tenta-se, há algum tempo, em várias regiões do país, acabar com o "Dia dos Pais" e o "Dia das Mães" sob a alegação de que nem todo mundo tem pai e/ou mãe.

De forma caricata, os ativistas afirmam que estão *preocupados* com os excluídos, quando, na verdade, estão excluindo a grande maioria.

Seminário Internacional "Democracia em colapso?"

No vídeo intitulado *O movimento LGBT e o fim da família | AMANDA PALHA*, disponível no YouTube, no canal TV Boitempo[4], ouve-se o seguinte (transcrição literal):

> Na minha concepção, não existe forma revolucionária de fazer família, ponto. Por quê? Quando dizem para a gente: "Ah, o movimento LGBT quer acabar com a família; o movimento LGBT é um movimento promíscuo, que defende o sexo desregrado"; a gente entrou numa lombra dos 90 para cá de se colocar numa posição defensiva de dizer: "Não, não. A gente não quer destruir família nenhuma não. A gente só quer amar", ou "Não, não. A gente não tem nada a ver com promiscuidade não, a gente até casa, a gente até tem filhos, a gente até constitui família". E isso é de um retrocesso político violento, que violenta inclusive a história de constituição do movimento LGBT na América Latina. Violenta a

---

4 Disponível em: <https://www.youtube.com/watch?v=mli2tFYbGmc>. Acesso em: 24 fev. 2022.

> história dos ganhos e lutas feministas na América Latina. Então, cabe a radicalização nossa também de afirmar, com todas as letras, o que é uma estratégica política, crítica, antissistêmica: "Ah, porque vocês querem destruir as famílias...". Sim. Queremos.

"Sim. Queremos." A fala transcrita não está fora de contexto. A legenda do vídeo diz: "Edição com algumas intervenções de Amanda Palha na mesa 'Família, religião e política', do Seminário Internacional 'Democracia em colapso?'. O evento marcou o lançamento da edição especial da revista *Margem Esquerda*, dedicada a enfrentar as articulações e tensões produtivas entre marxismo e lutas LGBT, para além da querela da 'cortina de fumaça'".

Há muitos que argumentam que é uma atitude isolada, que não representa todo o ativismo LGBT. Só quero lembrar que, quando um cristão faz qualquer coisa errada, há uma movimentação geral para descredibilizar toda a Igreja. Colocam um rótulo em toda a instituição, por causa da ação de uma minoria; assim como fazem com policiais, pastores, padres e todos aqueles com os quais eles não concordam: colocam todos no mesmo balaio.

IX Seminário LGBT (2012)

No vídeo intitulado *IX SEMINÁRIO LGBT 2012*, disponível no YouTube, no canal Democracia Sempre Fora Comunismo[5], ouve-se o seguinte (transcrição literal):

---

5   Disponível em: <https://www.youtube.com/watch?v=9T7o9QEtX-I>. Acesso em: 24 fev. 2022.

Gostaria de iniciar abordando um tema um tanto controverso, que é o da sexualidade infantil. As brincadeiras sexuais infantis também podem envolver os outros: meninos buscando conhecer os corpos de outros meninos e meninas, e meninas buscando conhecer os próprios corpos e os de outras meninas e meninos. Então, quando meninos e meninas brincam, inclusive sexualmente em seus corpos com outros meninos e meninas, eles não estão sendo *gays* ou lésbicas quando fazem isso com pares do mesmo sexo. Não é disso que se trata. [...] Que deixem as crianças brincarem em paz. Isso as tornará adolescentes e adultos mais inteligentes e potencialmente mais perspicazes no enfrentamento e na transformação do mundo que lhes deixamos como herança (Tatiana Lionço; Doutora em Psicologia).

Trabalhar gênero e sexualidade não tem idade mínima. Na verdade, a gente está falando de questões que têm a ver com todas as faixas etárias. No ensino fundamental, a gente pode trabalhar de diferentes maneiras (Alexandre Bortolini; Mestre em Educação pela PUC-Rio).

Cada vez que alguém vai ao fundamento dessa cultura, que é a Bíblia, e toma a Bíblia ao pé da letra, a gente pode chamá-la de fundamentalista sem medo de ser feliz (Jean Wyllys; Deputado Federal).

O poder de projetos fundamentalistas religiosos, esses desgraçados, eles têm o poder político de projeto que só está se consolidando [...], mas eu sei que eu estou disposto a pegar em armas se preciso for, se se instalar uma teocracia no Brasil. [...] Eu quero dizer ao Jean [Wyllys] que estou aqui para te ajudar também na dessacralização do casamento, viu? Casamento civil igualitário vai dar muito trabalho, porque essa desgraça dessa palavra está eivada de sentimento cristão. [...] Tem que passar pela religião. Tem que passar pela desconstrução dessa base judaico-teológica, dessa coisa que nós chamamos de *teologia inclusiva*, que tem que desconstruir todos esses valores mofados que nós aprendemos até aqui. Sem a desconstrução da cultura judaico-cristã, nesse sentido, positivo, talvez trazer um novo tipo de cristianismo, nós não vamos conseguir. [...] Porque esse povo é um povo completamente, não vou dizer cego, mas convencido de que isto aqui [sacode uma Bíblia] é verdade; e eles são convencidos disso em suas igrejas; e eles não largam a fé. Eu ouvi falar em educação infantil, eu pensei: *Meu Deus, é utópico, mas como seria bom*... Uma professora de educação infantil, você pensa que ela larga a Bíblia dela na cabeceira da cama, ou um professor de segundo grau larga a fé dele no quarto antes de ele ir para a escola? Não! Vai junto com ele, porque a fé o constituiu, a profissão de fé é algo que nos constitui (Márcio Retamero; Pastor da Igreja Anglicana Episcopal São Paulo).

Os recortes desse vídeo foram expressos no IX Seminário LGBT, realizado em 2012 no Congresso Nacional. Nessa época, o debate sobre gênero, por exemplo, ainda era tímido. Hoje, é quase um crime dizer que existe homem e mulher.

Nesse seminário, percebe-se muito claramente as falas dos participantes. Em 2012, Márcio Retamero, pastor homossexual, já falava em *teologia inclusiva*. Jean Wyllys, Deputado Federal, em uma entrevista antiga, disse que lia Antonio Gramsci, ou seja, a ordem política está posta para desconstruir a cultura; o que se observa hoje não provém do nada. Há uma *engenharia cultural* por trás.

O que esse pessoal fala para nós hoje é: "Você precisa respeitar tudo, menos aquilo que você acredita".

Ativistas LGBT não somente colocam esse pressuposto em seus discursos, mas tentam colocá-lo também na Constituição, judicializando o debate. De fato, eles querem paralisar a Igreja, impondo suas convicções sobre aquilo que acreditamos e defendemos.

Na realidade, eu sou vítima desse tipo de ataque. Meus opositores sabem que não vão achar corrupção ou qualquer outro tipo de má conduta em mim; então, jogam processos, cheios de mentiras, para poderem me paralisar. Eu tenho de acionar advogados, fico preocupado (porque não sei qual será a interpretação do juiz que analisará a minha causa) e sinto-me, muitas vezes, de pés e mãos atados. Tudo porque eu parabenizei as mulheres no Dia da Mulher. Acredite, se quiser.

Projeto de Lei da Câmara, nº 122, de 2006

O Projeto de Lei da Câmara, nº 122, de 2006, em seu artigo oitavo (A) diz:

> Impedir ou restringir a expressão e a manifestação de afetividade em locais públicos ou privados abertos ao público, em virtude das características previstas no artigo 1º. Pena: reclusão de dois a cinco anos.

O local de culto é protegido pela Constituição; deste modo, se alguém chegar à igreja e tentar atrapalhar o andamento da liturgia, imediatamente poderá ser retirado. Mas o pátio da igreja não é protegido pela Constituição.

Assim, suponhamos: um casal hétero está se beijando no pátio da igreja. O que os líderes vão dizer a esse casal?

Possivelmente pedirão que parem imediatamente, porque ali não é o local adequado para contato físico e afetivo. Independentemente da sua sexualidade.

Continuemos a suposição. Se esse Projeto de Lei fosse aprovado, e se dois homens recebessem a mesma orientação e sentissem que estavam sendo impedidos de manifestar sua afetividade, o que aconteceria a quem os tivesse advertido? Uma pena de dois a cinco anos de cadeia.

Em outros termos, se duas mulheres chegassem para o pastor e dissessem: "Sou uma mulher e quero me casar com outra mulher. Pastor, faça o meu casamento". Se esse pastor se recusasse, teria de cumprir uma pena de dois a cinco anos de reclusão.

Portanto, não é uma questão de aceitação, mas de imposição de uma ideia.

Esse Projeto de Lei foi arquivado. Ele não tem mais efetividade. Mas sabemos que um projeto de lei derrubado não é suficiente para fazer com que os ativistas LGBT parem de tentar influenciar a cultura.

Provavelmente, você não sabe o número de qualquer Projeto de Lei que esteja em curso na sua cidade. Isso mostra que há algo de maior influência na sociedade do que a política em si.

"

AFINAL, VOCÊ VAI ACREDITAR EM MIM OU NOS SEUS PRÓPRIOS OLHOS?"

GROUCHO MARX

6

Segunda arma de influência política: Ideologia de gênero

EM MEADOS DOS ANOS 90 DO SÉCULO PASSADO, O CARdeal alemão e futuro papa Bento XVI assinou escritos de sua autoria, expondo o termo "Ideologia de Gênero". Em textos doutrinários, a Igreja estava admitindo a existência desse movimento ideológico que já lutava pela separação de sexo biológico e gênero social, em várias partes do mundo.

Em 1998, numa conferência episcopal realizada no Peru, reunindo bispos de todo o país, emitiu-se uma nota intitulada: *Ideologia de Gênero: Seus Perigos e Alcances.*

A principal função da ideologia de gênero é destruir a maior obra de Deus: a criação do homem e da mulher.

Atualmente, a ideologia de gênero é algo que está tão em alta que, se há seis anos alguém me dissesse que eu viveria o que vivo hoje, eu não acreditaria.

Em 2012, a igreja na qual congrego promoveu um seminário intitulado *Ética Cristã*. Entre outros assuntos, debatemos sobre a ideologia de gênero. Confesso que, naquela época, eu já lia sobre o tema (livro: *Ideologia de Gênero — O Neototalitarismo e a Morte da Família*, de Jorge Scala), mas não acreditava que chegaríamos ao ponto que chegamos.

Eu dizia para mim mesmo: *Não é possível que chegue uma época em que as pessoas simplesmente vão declarar o que elas são, e as outras pessoas serão obrigadas a chamá-las de acordo com o que elas dizem que são. Não vai acontecer; sobretudo com uma criança.*

Sim, eu estava errado.

Hoje, vemos adultos dizerem que sonham com um mundo em que a regressão infantil seja normalizada, liberta de preconceitos, a fim de que possam voltar a ser crianças em uma praia ou em um parque. Sim. Isso existe... São os chamados *littles* ("pequenos", em inglês).

Hoje vemos o João dizer que é Maria, e a Maria dizer que é João. E ambos conseguem alterar seus RGs e CPFs, os quais passam a levar os nomes que escolherem, no gênero que escolherem, para a sua vida social. As próprias leis civis passaram a referendar, a atestar, essa fantasia. E eis o perigo: "A fantasia se tornou origem de direitos", como diz Olavo de Carvalho. Os Códigos Civis, no Brasil e no mundo ocidental, passaram a acatar as reivindicações desses grupos sociais orientados por ideologias de gênero. E isso é muito perigoso, como veremos adiante.

O caso dos irmãos Reimer

Este, possivelmente, é o primeiro caso registrado de ideologia de gênero.

Em 2010, a BBC exibiu um documentário sobre os gêmeos Bruce e Brian Reimer, que começaram a ter dificuldades para urinar, poucos meses após o nascimento.

Na época, diz a matéria, o médico da família recomendou que os meninos passassem por um procedimento de circuncisão para resolver o problema.

Bruce, por acidente, teve seu órgão genital completamente queimado, pois, em vez de usarem um bisturi, os médicos usaram uma agulha cauterizadora. A cirurgia de Brian foi cancelada, e ambos os meninos foram encaminhados de volta para casa.

Meses depois, John Money, psicólogo especializado em redesignação sexual, disse para a família que o caso representava uma vivência perfeita, pois, de acordo com suas crenças, "não era tanto a biologia que determinava se somos homens ou mulheres, mas a maneira como somos criados".

De acordo com a matéria da BBC, Money acreditava que Bruce teria mais chance de ser feliz se passasse a viver como mulher do que se vivesse como um homem sem pênis.

Ainda de acordo com o texto da BBC, os pais concordaram com o experimento; assim, quando Bruce completou 17 meses de idade, transformou-se em Brenda. Quando chegou aos 13 anos, Brenda sentia impulsos suicidas. Nas palavras da mãe:

> Eu podia ver que Brenda não era feliz como menina. Ela era muito rebelde. Ela era muito masculina, e eu não conseguia convencê-la a fazer nada feminino. Brenda quase não tinha amigos enquanto crescia. Todos a ridicularizavam, chamavam-na de 'mulher das cavernas'. Ela era uma garota muito solitária[1].

Depois de algum tempo, contrariando as orientações do psicólogo, os pais contaram a Brenda o que tinha acontecido. Brenda, então, decidiu tornar-se David.

David passou por uma cirurgia de reconstrução peniana e chegou a casar-se. Ele não podia ter filhos, mas assumiu a paternidade dos três filhos de sua esposa.

Diz a matéria que, "quando passou dos 30 anos, David entrou em depressão. Ele perdeu o emprego e separou-se de sua esposa". Em 2002, seu irmão faleceu em decorrência de uma overdose de drogas. Dois anos depois, aos 38 anos, David cometeu suicídio.

Na entrevista que concedeu à BBC, David disse o que achava de tudo aquilo:

> Era-me dito que eu era uma garota, mas eu não gostava de me vestir como uma garota, eu não gostava de me comportar como uma garota, eu não gostava de agir como uma garota. Eu não sou um professor de nada, mas você não acorda uma manhã decidindo se é menino ou menina, você apenas sabe.

Você pode ler a matéria completa no site da BBC Brasil[2].

---

1   Disponível em: <https://www.bbc.com/portuguese/noticias/2010/11/101123_gemeos_mudanca_sexo>. Acesso em: 04 mar. 2022.

2   Idem. Acesso em: 04 mar. 2022.

Esse tipo de relato você não vai encontrar nas universidades, porque não há interesse que você conheça a real face da ideologia de gênero.

O caso da "mulher dragão"

O Portal R7 noticiou, em 2019, o caso da "mulher dragão"[3].

Diz a reportagem que Richard Hernandez, ex-banqueiro em Los Angeles, EUA, após ter vivido uma sucessão de tragédias pessoais, gastou R$ 295 mil para transformar-se na "mulher dragão", passando a chamar-se Tiamat Legion Medusa.

Hernandez fez inúmeras tatuagens, produziu um corte na língua, removeu as orelhas, implantou chifres, achatou o nariz e fez diversos outros procedimentos para ficar parecido com um réptil.

Eu pergunto a você: qual o verdadeiro perigo da ideologia de gênero? Guarde a resposta com você. Retomarei a pergunta adiante.

O caso Stefonknee Wolschtt

O Portal R7 também noticiou, em 2015, o caso do homem transgênero que abandonou a mulher e sete filhos para "começar uma vida nova como uma criança de seis anos de idade". Na época, Wolschtt tinha 46 anos de idade.

No site da Rede TV, encontramos o seguinte registro:

---

3   Disponível em: <https://noticias.r7.com/hora-7/fotos/ex-banqueiro-gasta-r-295-mil--para-se-transformar-em-mulher-dragao-19082019#/foto/1>. Acessos em: 04 mar. 2022 e 29 abr. 2022.

Em entrevista ao Daily Xtra, Stefonknee (cujo nome se pronuncia Stephanie) contou que a esposa pediu que ela deixasse de ser trans ou fosse embora de casa. Ela ainda conta que "pagou muito caro" após mostrar quem realmente é. Foi rejeitada pela família, teve pensamentos suicidas, depressão e chegou a ficar hospitalizada por um mês. "Não posso negar que fui casada. Não posso negar que tenho filhos. Mas eu segui em frente e, agora, voltei a ser criança", diz ela. "Eu não quero ser um adulto agora", acrescenta. Ela ainda diz que decidiu contar sua história para mostrar para as outras pessoas que essa mudança é algo normal. Sobre ter 'escolhido' ter seis anos de idade, Stefonknee explica que esta foi uma decisão da neta caçula de seus novos pais. Segundo ela, a menina de sete anos sempre quis ter uma irmãzinha e decidiu que Stefonknee seria sua irmã mais nova[4].

O difícil nessa história é saber quem tem menos juízo: Wolschtt ou a família que o adotou. Aí, volto à pergunta: qual o real perigo da ideologia de gênero?

Se eu pergunto a qualquer profissional do Direito: qual artigo da Constituição Brasileira fala sobre as penalidades imputadas a um dragão que mata um homem? Nenhum.

Se eu pergunto a qualquer profissional do Direito: se um homem de 50 anos, que diz sentir-se com seis, fizer sexo com uma criança, ele estará cometendo pedofilia? Obviamente, sim. E admito: por diversas vezes ouvi da boca de cristãos a resposta: "Não, não seria".

---

4   Disponível em: <https://www.redetv.uol.com.br/jornalismo/da-para-acreditar/ado-tada-por-nova-familia-mulher-trans-vive-como-menina-de-seis-anos>. Acesso em: 04 mar. 2022.

Você pode pensar que seria uma falsa equivalência comparar o sexo da pessoa a uma pessoa que *se sente* um animal, um dragão ou uma criança. Mas não é.

Um princípio só se faz pleno quando puder ser aplicado a todas as situações.

"Amarás a Deus acima de todas as coisas" quer dizer exatamente isso. Ele deve ser aplicado acima de "todas as coisas". Pois bem. Quando se defende que "você se torna aquilo que se sente", você está defendendo um princípio. Toda e qualquer situação deve ser abarcada.

Por que você pode, magicamente, mudar seu gênero, mas não pode mudar sua idade, sua altura ou seu peso? Isso seria excludente. Mas isso eles jamais admitiriam ser. Não é mesmo?

Comerciais que utilizam crianças para reverberarem a ideologia de gênero

Quantos de nós já não assistiu a propagandas na televisão em que adultos e crianças apregoam abertamente a ideologia de gênero?

No caso das crianças, os pais precisam autorizar que elas participem de dado recorte publicitário. Aí, talvez alguém argumente: "Se são empresas privadas, se os pais autorizaram, qual é o problema?".

Pense comigo: como podemos influenciar pessoas que não concordam politicamente conosco? Já que a Igreja fica tão indignada com esse tipo de afronta, por que nós, cristãos, não nos munimos de argumentos contrários? Não basta dizer que não concordamos; é preciso entender por que discordamos.

Qual é a resposta, então?

Nós, cristãos, não compreendemos *gênero* como o mundo compreende. O mundo acredita que a atração sexual define quem a pessoa é, mas nós sabemos que quem define quem somos é Cristo. Então, se Deus criou homem e mulher (cf. Gênesis 1.27), há uma finalidade nisso — até mesmo biológica.

Para quem tem a crença inabalável na Palavra de Deus, a pessoa nasce homem ou mulher, ou seja, ou é macho, ou é fêmea. E não há motivos para o ser humano querer brincar de Deus e recriar a natureza segundo a sua vontade, o seu capricho ou seu prazer.

Na ânsia de tornarem-se o que tanto desejam, não conseguem chegar a lugar algum. Se é algo *natural*, qual a necessidade de tirar uma costela, fazer uso de hormônios, implantar silicones ou submeter-se a infinitos procedimentos estéticos? Tudo isso para dizer que é... *natural*? "Parece falso, Rick".

Mas, afinal, o que a ideologia de gênero pretende? Eliminar toda e qualquer diferença entre os sexos. O gênero, pela ideologia, poderia ser *escolhido* pela pessoa ao longo de sua vida. Isso é o que vai representar o seu papel social.

Então, se a pessoa nasce com o sexo masculino e, na juventude, decide *tornar-se* mulher, ela pode ir a um cartório e pedir para trocar o seu nome de João para Maria e passar a viver como Maria, usar roupas de mulher e namorar um homem; e vice-versa para o sexo oposto.

Desse modo, o que a ideologia de gênero quer dizer ao mundo é que "sexo não tem sexo" e que o corpo biológico não revela a essência da sexualidade da pessoa. Ela pode ser o que ela quiser.

A ideologia de gênero é basicamente isto: a imposição dos ideais de uma parcela da sociedade, que consistem na separação da *natureza sexual* (o sexo de nascimento) da *vontade de gênero* da pessoa — como se realmente fosse possível separar o sexo biológico (nascimento) do gênero social que a pessoa pretende encarnar e pelo qual deseja ser reconhecida.

Pressinto que chegará o dia em que o povo cristão não vai mais poder falar que algo é errado. Hoje, percebe-se que muitos têm um medo absurdo de declarar o que é pecado, por medo de perder fiel, seguidor, seja lá o que for. Há aqueles, ainda, que têm receio de serem considerados chatos ou retrógrados. Mas, como diria Chesterton: "Cada época é salva por um punhado de homens que têm a coragem de não serem atuais".

A Bíblia diz:

> E da costela que o Senhor Deus tomou do homem formou uma mulher, e trouxe-a a Adão. E disse Adão: Esta é agora osso dos meus ossos e carne da minha carne; esta será chamada mulher, porquanto do homem foi tomada. Portanto deixará o homem o seu pai e a sua mãe, e apegar-se-á à sua mulher, e serão ambos uma carne. (Gênesis 2.22-24 - ACF)

> Com homem não te deitarás, como se fosse mulher; abominação é. (Levítico 18.22 - ACF)

> Por isso Deus os abandonou às paixões infames. Porque até as suas mulheres mudaram o uso natural, no contrário à natureza. E, semelhantemente, também os homens, deixando o uso natural da mulher, se inflamaram em sua sensualidade uns para com os outros, homens com homens, cometendo torpeza e recebendo em si mesmos a recompensa que

> convinha ao seu erro. E, como eles não se importaram de ter conhecimento de Deus, assim Deus os entregou a um sentimento perverso, para fazerem coisas que não convêm. (Romanos 1.26-28 - ACF)

> Não sabeis que os injustos não hão de herdar o reino de Deus? Não erreis: nem os devassos, nem os idólatras, nem os adúlteros, nem os efeminados, nem os sodomitas, nem os ladrões, nem os avarentos, nem os bêbados, nem os maldizentes, nem os roubadores herdarão o reino de Deus. (1 Coríntios 6.9,10 - ACF)

A Escritura é clara, tanto quando afirma que Deus criou homem e mulher (um para o outro), quanto quando diz que o desvio dessa conduta (pecado) leva à condenação. Mas o que tem acontecido? A Igreja não tem exercido a influência necessária sobre seus adolescentes e jovens. A Igreja tem permitido que outras pessoas, em lugares estratégicos, façam isso.

Qual é, afinal, o real perigo da ideologia de gênero?

A ideologia de gênero destrói identidades, pois quando tudo pode ser tudo, você não é nada.

A realidade, nos parâmetros da ideologia de gênero, não é mais aquilo que você vê, mas aquilo que o interlocutor lhe impõe. Se eu me sinto X, você é obrigado a me chamar de X, mesmo que eu esteja vendo Y.

Mas a verdade é em si mesma. A realidade é simples de constatar. Você está segurando um livro ou uma cegonha agora? Foi o que pensei.

Se eu me sentir certo em relação a alguma coisa, e você, a partir de uma constatação da realidade, disser para mim que eu estou errado, você passará a ser um *certofóbico*?

Colocar-se contrário àquilo que se opõe à realidade não é uma questão de construção social ou religiosa, é uma questão de construção racional. Se os pressupostos da ideologia de gênero se impuserem a determinada espécie, essa espécie estará ameaçada de extinção!

"OS IDIOTAS VÃO TOMAR CONTA DO MUNDO; NÃO PELA CAPACIDADE, MAS PELA QUANTIDADE. ELES SÃO MUITOS."

NELSON RODRIGUES

7

Terceira arma de influência política: Universidades

A UNIVERSIDADE É UMA DAS MAIS PODEROSAS ARMAS, utilizadas pela esquerda, para influenciar politicamente as pessoas.

O processo de desconstrução dos modelos tradicionais de educação, conduzido principalmente por Paulo Freire, não tardou a chegar às universidades brasileiras.

A partir de 1970, algumas correntes de pensamento que se denominavam "Nova Esquerda", "Marxismo Cultural", "Desconstrucionismo", "Construcionismo Social",

"Pós-modernismo", entre outros termos socialistas, começaram a fazer parte dos meios acadêmicos, com mais peso nas áreas de humanidades e educação.

E não foram só as teorias de Paulo Freire que serviram de base para esse processo, não. Para você ter uma ideia, esse pós-modernismo teve inspiração em pensadores como: Deleuze, Derrida, Foucault, Freud, Gramsci, Lacan, Marcuse, Nietzsche e Rousseau, entre outros.

Os pensadores que se dizem pós-modernistas, segundo a sua ideologia, fizeram e ainda fazem fortes críticas contra instituições como a família, o Estado, a academia e a ciência. Os ideais pós-modernos atacam a própria sociedade, pois pretendem mudá-la à força. Isso tudo repercute negativamente nas universidades, de diversas formas, resultando em consequências danosas para a vida acadêmica.

Em vez de buscar a ampliação do conhecimento e transmiti-lo de geração a geração para formar cidadãos, profissionais, docentes e pesquisadores, o objetivo principal da universidade passa a ser a transformação da realidade na busca pela "justiça social". O conhecimento verdadeiro não importa ao corpo docente e discente. O que importa é o ativismo político.

A imposição do *politicamente correto*

A ideologia do politicamente correto é o *verniz* do moralismo esquerdista que impera nas universidades. A esquerda se acha *politicamente correta* e ainda abusa da psicologia para defender o que julga certo ou errado.

O que surge, então? Surgem as microagressões. Em um debate com o pessoal da esquerda politicamente correta, qualquer palavra dita, que vá contra o que ela pensa, passa a ser motivo de ofensa. Tais defensores se sentem ofendidos por tudo que lhes mostre a verdade.

Por exemplo, na questão de identidade de gênero, é ofensa dizer que homem deve ser homem e que mulher deve ser mulher. Eles se sentem ofendidos porque desejam mudar até a natureza humana por conta de seus caprichos revolucionários.

Quando o politicamente correto esquerdista toma algo que lhe contraria como ofensa, logo vai fazer a denúncia às autoridades universitárias.

Nas próximas páginas, transcrevo porções do texto intitulado *Ativismo político na universidade*[1], de Vitor Geraldi Haase (baseado na PL 7180/2014 da Câmara dos Deputados), as quais nos fazem compreender as imbricações da ideologia do *politicamente correto*.

> As políticas de estímulo e proteção à diversidade, estabelecidas pelas próprias universidades, obrigam os seus responsáveis administrativos a investigarem a fundo cada uma dessas denúncias, sem que haja necessidade de qualquer critério objetivo para adjudicar entre o que aconteceu e o que não aconteceu.
>
> [...] Essas denúncias podem ser manipuladas, sendo instrumentalizadas em favor de uma determinada agenda política

---

1 Disponível em: <https://www2.camara.leg.br/atividade-legislativa/comissoes/comissoes-temporarias/especiais/55a-legislatura/pl-7180-14-valores-de-ordem-familiar-na-educacao/documentos/audiencias-publicas/copy_of_VitorHaase1080817.pdf>. Acesso em: 02 maio 2022.

ou em favor de necessidades psicológicas específicas dos acusadores[2].

Os acusados são tratados como criminosos e podem ser processados em ações de reparação à honra por calúnia, difamação, transfobia, xenofobia e mais "ias" da moda.

Em um ambiente de trabalho ou educacional, os casos de denúncias politicamente corretas, feitas por esquerdistas, podem levar o réu à suspensão ou expulsão de suas atividades, ou colocá-lo no vexame de um *treinamento* para que ele aprenda a ser mais sensível com etnias e diversidades sociais.

Na verdade, isso se chama *lavagem cerebral*.

> A doutrinação não é apenas ideológica, mas também psicológica. A doutrinação psicológica é especialmente perversa e se manifesta como coitadismo ou vitimismo. O vitimismo serve de escusa para a irresponsabilidade. O culpado pelas mazelas do mundo nunca é o indivíduo e suas decisões, mas sim forças sociais e culturais obscuras e impessoais. A culpa sempre é dos outros, de entidades como o preconceito, o patriarcado, o estado opressor, a heteronormatividade, etc.[3]

Logo, o discurso politicamente correto de esquerda pede mais direitos e menos deveres. Instalam-se, assim, a baderna e a irresponsabilidade na sociedade.

---

2   Disponível em: <https://www2.camara.leg.br/atividade-legislativa/comissoes/comissoes-temporarias/especiais/55a-legislatura/pl-7180-14-valores-de-ordem-familiar-na-educacao/documentos/audiencias-publicas/copy_of_VitorHaase1080817.pdf>. Acesso em 02 maio 2022.

3   Idem, p. 89.

A questão do combate ao preconceito é exemplar. O combate ao preconceito acaba por constituir-se em um novo preconceito. Ou seja, o preconceito de não ter preconceitos. Como se isso fosse psicologicamente possível. Os combatentes contra o preconceito constituem uma *seita de ungidos*, a serviço do bem e por isso moralmente superiores. E justamente por isso intitulados a combater as violações dos seus pressupostos morais por todos os meios possíveis.

[...] Os últimos cinquenta anos testemunharam uma redução progressiva da diversidade político-religiosa na universidade em favor da diversidade étnica, cultural e de gênero[4].

É a hegemonia de pensamento pós-modernista de Paulo Freire e seus seguidores. Quem é politicamente correto dá as cartas do jogo, desconfia da ciência e a considera instrumento de opressão social. As metodologias de pesquisa politicamente corretas não levam em conta testes empíricos, nem se aprofundam em quase nada.

As atividades principais da universidade são abandonadas; os recursos que deveriam ir para pesquisas de ponta e ensino acabam indo para o ativismo de esquerda e para a doutrinação política. Para essa turma, valem o vitimismo e a irresponsabilidade individual.

O clima universitário é de "caça às bruxas, de coerção", de fechamento ao livre debate, e não abertura a pensamentos diferentes dos ideais da esquerda.

Diversas iniciativas da sociedade organizada, tais como o Movimento Escola sem Partidos no Brasil e a *Heterodox*

---

4   Idem, ibidem.

Academy nos EUA objetivam documentar esse estado de coisas e esclarecer a população quanto aos seus direitos constitucionais em casos de violações.

No Congresso Brasileiro foi proposto o Projeto de Lei Nº 7180/2014, que inclui entre os princípios do ensino o respeito às convicções do aluno, de seus pais ou responsáveis. O objetivo do projeto é garantir que os alunos e professores tenham acesso garantido a conhecimento sobre os seus direitos constitucionais a uma educação de qualidade e politicamente não enviesada[5].

Tais propostas possuem uma boa intenção, porém, em sua maioria, não são eficazes no combate à doutrinação esquerdista no ensino. Sem a formação de novos professores, uma nova grade curricular e uma reestruturação completa do MEC, isso não passará de agitação simbólica.

O direcionamento político-ideológico de esquerda nas universidades repercute de maneira totalmente negativa sobre a formação dos estudantes, também sobre a atividade acadêmica de pesquisa, que fica muito pobre e não contribui para o desenvolvimento científico, humano e social.

Não estou dizendo que um estudante não pode ser de esquerda. Na verdade, o problema das universidades não é o comunismo, mas a impossibilidade de se declarar anticomunista! É preciso haver o reconhecimento e a garantia da liberdade de pensamento e convicções. Os conservadores e religiosos são uma minoria em universidades dominadas pelos esquerdistas. Basta um aluno declarar em sala de aula que é contrário ao aborto e verá que o fato se comprova.

---

5   Idem.

A supressão das ideias na universidade é extremamente negativa para a formação dos estudantes, pois se bloqueiam a troca de experiências, as discussões livres sobre qualquer assunto, o desenvolvimento de tolerância e a convivência mais harmoniosa, além de não permitir o desenvolvimento do pensamento crítico, que deve caracterizar a atividade acadêmica. Na ânsia de se tornarem diferentes, todos se tornam iguais.

Guerra cultural no Brasil: aspectos educacionais

- Má qualidade do ensino em todos os níveis.
- Currículos escolares mal planejados e fortemente influenciados pela ideologia de esquerda.
- Falta de sintonia entre os currículos universitários e os conhecimentos em habilidades técnicas e comportamentais necessários para o mercado de trabalho.
- Manutenção do caráter político de esquerda nas universidades, promovendo a doutrinação em massa.
- Deterioração do sistema educacional por conta da tal doutrinação secularista, ou seja, que abandona a concepção religiosa cristã na formação social do aluno.
- Alienação estudantil provocada pela falta de estímulos, na escola ou na universidade, para o entendimento dos valores cristãos e da sua importância na formação do adulto responsável.
- Tendência educacional que potencializa a relativização dos fatos, e não a pesquisa e o desenvolvimento do senso crítico.

- Tendência ao ensino da subversão dos valores sociais tradicionais, como a família, o que gera dúvidas, desconfianças, fragilidades emocionais e vazio existencial.
- Educação pública que não atende à população devido à péssima infraestrutura da rede escolar, aos despreparos técnico e comportamental do corpo docente e à má educação de base (familiar) dos alunos.
- A esquerda, há décadas, tem feito do sistema de ensino público brasileiro uma de suas principais armas de combate nessa guerra ideológica que tão mal faz à sociedade.
- A situação do ensino público no Brasil é tão grave que grande parte dos alunos dos ensinos básico e fundamental vão à escola para garantir uma refeição diária pela merenda escolar.

A institucionalização do ativismo político

> A ênfase na justiça social e na reparação de injustiças historicamente cometidas por meio de programas de ação afirmativa, como as cotas de entrada na universidade, representa uma violação aos princípios da isonomia constitucional entre os cidadãos, bem como coloca de baixo do tapete a questão do mérito para o ingresso no curso superior[6].

A turma do politicamente correto tem dois padrões moralistas e aplica "dois pesos e duas medidas para as violações de códigos de conduta".

---

6   Idem, p. 89.

Dependendo da ideologia dos supostos microagressores — as minorias esquerdistas —, eles são perseguidos pelos representantes politicamente corretos que tomam conta das instituições universitárias.

> Essas instituições universitárias aparelhadas são coniventes ou até mesmo estimulam agressões contra a pessoa, contra a propriedade e contra preceitos constitucionais, quer seja de forma verbal ou física.

> O noticiário é pródigo em demonstrações recorrentes de episódios lamentáveis, como p. ex., agressões a palestrantes convidados de orientação conservadora ou condenações injustas por supostas violações do código politicamente correto, as quais não são apropriadamente reparadas[7].

De acordo com Geraldi Haase:

> No Brasil, o sistema de universidades federais constitui-se em importante recurso social para a formação e pesquisa.

> [...] Porém, a institucionalização do ativismo político e da correção política representam uma séria ameaça à atividade acadêmica, orientada à pesquisa, ao conhecimento e ao desenvolvimento humano[8].

A imposição de que não existem verdades absolutas

Uma situação que vem preocupando líderes cristãos em todo o mundo é a estagnação cultural, fenômeno que tem acometido jovens estudantes do ensino médio e até universitários.

---

7 Idem.
8 Idem.

Recordo-me que, ainda adolescente, comprei o livro *Em guarda*, de William Lane Craig. A partir dessa obra, comecei uma trajetória de leitura e fiquei imerso em seus vídeos, livros e debates.

Um trecho desse livro, na época, chamou minha atenção:

> Em minha opinião, a Igreja está realmente falhando com esses jovens. Em vez de fornecer a eles um bom treinamento na defesa da fé cristã, nós ficamos envolvidos em lhes proporcionar experiências de louvor carregadas de emoção, ficamos nos preocupando com suas necessidades e como entretê-los. Não é à toa que se tornam presas fáceis para um professor que racionalmente ataca a sua fé.

Era isso! Finalmente um autor escreveu em poucas palavras aquilo que estava queimando em meu coração, e eu não conseguia colocar em texto. Descobri que Deus já tinha levantado pessoas para responder e argumentar sobre as dúvidas e questionamentos com os quais somos confrontados todos os dias. Bastava eu... ler!

No livro *Cultural Literacy: What Every American Needs to Know*, escrito por E. D. Hirsch, esse problema ficou ainda mais evidente, como aponta Lane no artigo intitulado *Estagnação intelectual*[9].

No texto, Hirsch expõe o despreparo dos estudantes para questões simples relativas à história dos Estados Unidos. Segundo ele:

---

9   Disponível em: <https://pt.reasonablefaith.org/artigos/artigos-de-divulgacao/estagnacaeo-intelectual>. Acesso em: 29 abr. 2022.

> Boa parte dos universitários americanos não tem o conhecimento básico para compreender as manchetes da primeira página do jornal[10].

O desconhecimento de fatos importantes também foi tema para outro livro: *The Closing of the American Mind: How Higher Education Has Failed Democracy and Impoverished the Souls of Today's Students*, escrito por Alan Bloom, educador renomado da Universidade de Chicago. Segundo ele:

> Há uma coisa de que um professor pode estar absolutamente certo: quase todos os estudantes que entram na universidade acreditam, ou dizem acreditar, que a verdade é relativa. Se essa crença for questionada, pode-se esperar a seguinte reação dos estudantes: eles não entenderão[11].

Se você disser a eles que 2+2=4, muitos vão desconfiar dessa verdade. Então, dizer que "tudo é relativo" é uma saída fácil para que tais jovens tenham *aberturas* para imaginar conceitos que não têm fundamento, que não existem, que não são corretos.

Segundo o autor, eles foram ensinados a desconfiar e até a temer as coisas absolutas. E esta é a virtude — a única, na verdade — que toda educação fundamental, por mais de 50 anos, tem se dedicado a inserir na cabeça dos jovens: a *abertura*, ou seja, a tal *mente aberta*.

Assim, verdades absolutas são facilmente contestadas, negadas, criticadas e mal interpretadas. A juventude escolar

---

10 Disponível em: <https://pt.reasonablefaith.org/artigos/artigos-de-divulgacao/estagnacaeo-intelectual>. Acesso em: 29 abr. 2022.

11 Idem. Acesso em: 29 abr. 2022.

não aprende o que deve aprender e quer reinventar a roda, como se ela pudesse ser quadrada.

Para os jovens que pouco aprendem e para os quais tudo é relativo, não existem verdades absolutas. Tanto faz conhecer ou não os fatos como eles são na realidade.

William Lane Craig diz que, deste modo:

> O propósito da educação não é ensinar a verdade ou conhecer os fatos — pelo contrário, trata-se apenas de adquirir a habilidade necessária para enriquecer, conseguir poder e fama. A verdade se tornou irrelevante[12].

A verdade e o conhecimento, que sempre explicaram as coisas absolutas, tornaram-se irrelevantes para essa geração de estudantes.

O início do meu inconformismo

Durante o tempo em que estive na PUC-Minas, percebia com clareza a desproporcionalidade numérica entre pessoas de direita e pessoas de esquerda. Os esquerdistas, na universidade, estão em maior número, sem sombra de dúvida.

Eu sempre me perguntava como a Pontifícia Universidade Católica, que significa "ponte para Deus", poderia abrir espaço para pessoas e símbolos declaradamente anticristãos. Como isso acontecia sem chocar ninguém? A resposta já conhecemos: pela cultura, gradualmente, os comunistas conseguiram modificar a nossa cosmovisão.

12 Idem, p. 96.

O ativismo nas universidades é uma coisa absurda. Talvez você, leitor, conheça alguém que, em seis meses, um ano de faculdade, abdicou da fé. Jovens e mais jovens têm abandonado os princípios inculcados por seus pais durante uma vida inteira, em dois tempos, em razão desse mesmo ativismo.

Aconteceu na minha vida: uma menina que fazia célula comigo tornou-se feminista; a menina com quem eu cantava e orava, semanalmente, passou a militar para matar crianças no ventre; o menino que cantava e orava na igreja tornou-se homossexual; pessoas com quem já fiz trabalho em grupo, hoje, são zombadoras da fé cristã. Não subestime o poder de uma sala de aula.

Mais uma vez, apresento minha pergunta retórica favorita: por que nós estamos perdendo essa guerra no campo da mente? A resposta é não menos óbvia: porque nossos adolescentes e jovens não estão alimentando sua alma com conhecimento.

Sabe-se que o brasileiro lê, em média, 2,43 livros/ano. Repito: não há possibilidade de você sobreviver aos ataques sofridos na faculdade se sua alma estiver desnutrida. Qual foi o último livro que você leu? O que dele você aprendeu?

Existe um princípio na guerra que diz: nunca subestime o seu inimigo. Pais e mães estão jogando seus filhos aos lobos sem o devido preparo. Se você sente que ele não está pronto para a batalha, prepare-o, senão você o perderá para sempre. Quantas famílias não estão chorando, hoje, dentro da Igreja, porque perderam seus filhos para o mundo? O que está em jogo não é um diploma, mas a alma eterna daquele estudante.

Jesus disse:

> Entrai pela porta estreita; porque larga é a porta, e espaçoso o caminho que conduz à perdição, e muitos são os que entram por ela; e porque estreita é a porta, e apertado o caminho que leva à vida, e poucos há que a encontrem. (Mateus 7.13,14)

Quando lemos essa passagem, parece que a lemos ao contrário; parece que a porta não é estreita; é larga.

Não podemos nos conformar com o fato de estarmos perdendo uma guerra para o mundo. O caminho que conduz ao Pai não é largo, como muitos pensam e defendem hoje em dia.

Paulo disse a Timóteo:

> Procura apresentar-te a Deus aprovado, como obreiro que não tem de que se envergonhar, que maneja bem a palavra da verdade. (2 Timóteo 2.15)

Pare para pensar: de onde vêm as ideias que você defende? Se provêm de Marx, Gramsci, do seu professor, da sua professora, e não da Bíblia, estão todas erradas. "That's the way it is."

Ser cristão não é um ato autodeclaratório: "Eu sou cristão, você que se vire para me aceitar como tal". Não. Jesus disse: "Se me amardes, guardareis os meus mandamentos" (João 14.15 - ARC). E João acrescentou: "Aquele que diz: Eu o conheço e não guarda os seus mandamentos é mentiroso, e nele não está a verdade" (1 João 2.4 - ARA). Não existe *transcristão*. Não basta sentir-se para tornar-se; tem de viver.

Eu entrei na universidade sozinho. Esse era o meu sentimento. Tudo o que eu queria — muitas e muitas vezes por lá — era ter outra pessoa para batalhar comigo. E quantas pessoas, neste exato momento, não estão se omitindo de influenciar politicamente seus colegas, por vergonha ou por outra razão qualquer?

Talvez você pense que, ao me colocar deste modo, eu me sinta superior de alguma maneira. Pelo contrário! Você está lendo as palavras de alguém que aprende e erra constantemente. O que eu tenho é a humildade de compreender que, em Cristo, sou um nada. Eu não sou cristão porque sou maior; sou cristão porque sou menor e preciso de alguém melhor do que eu. Sem Jesus, eu não consigo lutar contra tudo isso.

Eu não consigo enumerar a quantidade de vezes que voltei para casa chorando em razão das coisas que defendo — e isso não está nas minhas redes sociais. Mas isso formou a pessoa que sou, porque conforto e crescimento não coexistem.

Se você quer passar em um concurso, precisa pressionar a sua mente, acordar cedo e dormir tarde. Se você quer ficar *sarado*, precisa submeter seus músculos a microlesões na academia para que eles cresçam. Não existe crescimento no conforto ("no pain, no gain"). Na vida cristã, é a mesma coisa: se você está vivendo sem pressão, tem alguma coisa errada. É a palavra de confronto que nos faz crescer.

Eu me lembro que, por ser filho de pastor, sempre fui muito cobrado. Em uma gincana na igreja, eu me dei conta de que não sabia todos os livros da Bíblia. Eu tinha duas opções: ou me fazer de vítima, ou correr atrás de estudar. Resultado: até hoje sei de cor a música para gravar os livros da Bíblia. Cada um com a sua estratégia.

Não ignore o processo de confronto de Deus na sua vida. Talvez, hoje, você esteja sendo confrontado por diversas ideias e pensamentos equivocados que tinha, mas esse confronto vai fazer com que você cresça.

Como a Igreja pode reverter esse quadro?

É natural que essa visão distorcida e relativa quanto à verdade, da turma que se acha politicamente correta, seja contrária à moral cristã. Como cristãos, cremos que toda verdade vem de Deus e que ele nos revelou a verdade, por meio da sua Palavra, quando disse: "Eu sou [...] a verdade" (João 14.6).

O cristão, portanto, não pode olhar para a verdade com apatia ou desdém; pelo contrário, ele deve prezá-la e valorizá-la como reflexo do próprio Deus.

Assim como a verdade, a justiça, a bondade e todo outro valor moral, quando trazidos para próximo de Deus, ficam mais nítidos. Eleve o seu valor moral a Cristo e ficará mais claro se você está certo ou errado.

Anti-intelectualismo: uma grande ameaça

A estagnação intelectual que atinge estudantes não cristãos também pode afetar os cristãos. É muito preocupante, mas, como diz Lane no artigo mencionado anteriormente, "a nossa cultura mergulhou fundo nos analfabetismos bíblico e teológico". A maioria das pessoas não sabe sequer dizer quais são os quatro evangelhos.

> Se nós não preservamos a verdade de nossa própria herança e doutrina cristãs, quem irá fazê-lo por nós? Os que não são cristãos? Dificilmente![13]

Charles Malik, ex-embaixador libanês nos Estados Unidos, disse:

> O maior perigo que ameaça o cristianismo evangélico norte-americano é o perigo do anti-intelectualismo. A mente, em suas dimensões mais amplas e profundas, não está sendo levada suficientemente a sério. A nutrição intelectual não pode acontecer separadamente de uma profunda imersão, por vários anos, na história do pensamento e do espírito.
>
> As pessoas que estão com pressa de sair da universidade e de começar a ganhar dinheiro, ou de servir a Igreja, ou de pregar o Evangelho, não fazem a menor ideia do imensurável valor de gastar anos de prazer conversando com as maiores mentes e espíritos do passado, amadurecendo, aperfeiçoando e ampliando os seus poderes de pensamento.
>
> O resultado é que a arena do pensamento criativo está vazia e plenamente entregue ao Inimigo[14].

Lane, a partir dessa análise de Malik, pontuou:

---

13 Idem, p. 96.
14 Idem, ibidem.

A instituição mais importante na construção da sociedade ocidental é a universidade. É na universidade que os nossos futuros líderes políticos, jornalistas, advogados, professores, cientistas, executivos e artistas serão formados[15].

No entanto, infelizmente, com os rumos que ela (a universidade) tomou, não há razões para alegrar-se. Uma vez que os formadores de opinião e os líderes que moldam a nossa cultura advêm de uma universidade ideologicamente controlada, a nossa cultura jamais atingirá um patamar mais elevado.

Por essa razão, os verdadeiros cristãos precisam assumir, com mais coragem e determinação, o papel de levar a mensagem de Deus para dentro das universidades. E por que isso é importante? Segundo Lane, "simplesmente porque o Evangelho nunca é ouvido no isolamento".

Uma pessoa criada num ambiente cultural em que o cristianismo é ainda visto como uma opção intelectual viável terá uma abertura para o Evangelho que não encontraremos em uma pessoa criada em um ambiente secularizado.

Por exemplo, no contexto de uma pessoa criada em um ambiente secularizado, você poderá falar sobre crer em duendes ou em bruxas, ou mesmo em Jesus Cristo. Ela não verá diferença alguma!

É parte da tarefa mais ampla dos estudiosos cristãos ajudar a criar e manter um ambiente cultural no qual o Evangelho possa ser ouvido como uma opção intelectual plausível para homens e mulheres pensantes.

---

15   Idem.

> Portanto, a Igreja tem um papel vital em formar estudiosos cristãos que ajudarão a criar um lugar para ideias cristãs na universidade. O cristão em geral não percebe que há uma guerra intelectual acontecendo nas universidades, nas revistas especializadas e nas sociedades acadêmicas.
>
> O cristianismo tem sido tachado de irracional ou obsoleto, e milhões de estudantes — nossa futura geração de líderes — têm absorvido esse ponto de vista[16].

Lane concluiu sua análise citando J. Gresham Machen, o grande teólogo de Princeton. Machen advertiu que "se a Igreja perder a batalha intelectual em uma geração, a evangelização se tornará infinitamente mais difícil na geração seguinte". Nas palavras de Machen:

> Falsas ideias são o maior obstáculo à recepção do Evangelho. Podemos pregar com todo o fervor de um reformador e, mesmo assim, sermos bem-sucedidos apenas em ganhar algumas poucas pessoas perdidas por aqui e por ali; e isso só tem acontecido porque permitimos que o pensamento coletivo da nação, ou do mundo, seja controlado por ideias que, pela força irresistível da lógica, impedem o cristianismo de ser reconhecido como algo mais do que uma mera ilusão inofensiva. Sob tais circunstâncias, o que Deus deseja de nós é que destruamos o obstáculo em sua raiz[17].

Lane conclui sua reflexão de forma brilhante: "A raiz do obstáculo deve ser encontrada na universidade e é lá que deve ser atacada".

---

16 Idem.
17 Idem.

Portanto, não perca a esperança, a guerra não está perdida, nem devemos perdê-la, pois a alma de homens e mulheres está *por um fio* e necessita da nossa intervenção para que conheça a verdade que só há em Cristo Jesus. É nosso papel, como embaixadores de Cristo, sermos testemunhas do caráter do Reino aqui nesta Terra.

"

O FEMINISMO É
UM *BAND-AID* PARA
UM CÂNCER."

PR. ANDERSON SILVA

8

Quarta arma de influência política: Feminismo

O FEMINISMO TEM ARREBATADO BOA PARTE DA IGREJA, especialmente as mulheres.

O que se percebe no movimento feminista da atualidade é uma forte influência marxista e gramscista. Atualmente, as grandes lutas não se dão mais entre proletariado e burguesia, mas entre homens e mulheres; entre heterossexuais e homossexuais; entre cristãos e ateus; entre negros e brancos. É dessa forma que o pensamento esquerdista avança: divide-se para conquistar.

A falácia feminista

Muito pior do que a mentira é a falácia: uma falsa verdade.

Deixe-me dar um exemplo: quando se fala sobre "voto", costuma-se dizer que as mulheres, no Brasil, só podem votar hoje em dia por causa de uma mulher. Mentira!

Celina Guimarães Viana (1890—1972) era uma professora brasileira e a primeira eleitora de que se tem registro oficial no Brasil. Ela votou em Mossoró, no interior do Rio Grande do Norte, em 5 de abril de 1928.

Veja o que Celina disse a respeito dessa falácia:

> Eu não fiz nada! Tudo foi obra do meu marido, que se empolgou na campanha de participação da mulher na política brasileira e, para ser coerente, começou com a dele, levando meu nome de roldão. Jamais pude pensar que, assinando aquela inscrição eleitoral, o meu nome entraria para a história. E aí estão os livros e os jornais exaltando a minha atitude. O livro de João Batista Cascudo Rodrigues — *A mulher brasileira: Direitos políticos e civis* — colocou-me nas alturas. Até o cartório de Mossoró, onde me alistei, botou uma placa rememorando o acontecimento. Sou grata a tudo isso que devo exclusivamente ao meu saudoso marido.

Não menciono isso para dizer que os homens são superiores às mulheres em alguma medida. Nada disso. Menciono para mostrar que uma falsa verdade pode tornar-se uma verdade absoluta.

Quantas outras falácias são apregoadas por aí sem percebermos?

Teóricas do movimento feminista

Para falar sobre cristianismo, uso a Bíblia. Para falar sobre feminismo, eu preciso consultar as teóricas que embasam o pensamento feminista.

Veja o que dizem algumas das feministas mais influentes no movimento:

> Não podemos destruir as desigualdades entre homens e mulheres até que tenhamos destruído a instituição do casamento. (Robin Morgan)

> A família nuclear deve ser destruída, e as pessoas devem encontrar formas melhores de viver em sociedade [...]. Seja qual for o seu sentido, a dissolução das famílias é um processo objetivamente revolucionário. (Linda Gordon)

> Em minha opinião, enquanto a família, o mito da família, o mito da maternidade e o instinto maternal não forem destruídos, as mulheres continuarão a ser oprimidas. (Simone de Beauvoir)

Nota-se que não apenas a maternidade, mas também o casamento, a família e o homem estão sob a mira de destruição dessas mulheres. Afinal, qual similaridade há dessas frases com a Bíblia? Nenhuma.

Ainda em relação ao tema "família e maternidade", há um caso interessante sobre Rebecca Walker, filha da ativista feminista antimaternidade Alice Walker (autora do livro *A Cor Púrpura*). Rebecca conta que sua mãe dizia para ela que filhos escravizavam a mulher e que a maternidade era a pior coisa que poderia acontecer a uma mulher.

Rebbeca não só negou esse discurso, como, ao tornar-se mãe, afirmou que tem sido a experiência mais recompensadora da sua vida e que seu único arrependimento foi ter descoberto a alegria da maternidade tão tarde.

Perceba o que aconteceu: uma mãe disse para uma filha que a pior coisa que pode acontecer à vida de uma mulher é a maternidade e que os filhos escravizam. Repito: ela estava dizendo isso para sua... filha! A cegueira ideológica é danosa. Acredite.

Aborto, a principal bandeira do movimento feminista

De todas as feministas, há uma que se destaca por sua maior perversidade. Trata-se de Margaret Higgins Sanger, ou Margaret Louise Higgins, fundadora da primeira clínica de aborto dos Estados Unidos, a *Planned Parenthood Clinic* (Clínica de Planejamento Familiar).

Em qual bairro ela fundou essa clínica? No Brooklyn, de maioria negra. E não foi por coincidência. Sanger disse, no livro *Pivot of Civilization*, que os negros e imigrantes:

> [...] (eram) as ervas daninhas da humanidade [...] (eram) reprodutores irresponsáveis; [...] geram seres humanos que jamais deveriam ter vindo ao mundo.

Em sua autobiografia, Sanger explica que também mantinha relações próximas com o grupo supremacista Ku Klux Klan (KKK)[1]:

---

[1] Para saber mais sobre a Ku Klux Klan, consulte: <https://mundoeducacao.uol.com.br/sociologia/ku-klux-klan.htm>. Acesso em: 04 mar. 2022.

> Eu aceitei um convite para conversar com o ramo das mulheres do Ku Klux Klan [...] Eu vi pela porta figuras sombrias desfilando com bandeiras iluminadas [...] Eu fui escoltada para a plataforma, e começaram a falar [...] No final, através de ilustrações simples, eu acreditava que tinha conseguido o meu propósito. Uma dúzia de convites para falar com grupos semelhantes foram proferidas.

Em 1926, ela fez sua primeira palestra para o grupo em Silver Lake, Nova Jersey.

Veja alguns dados atuais, relacionados ao aborto nos Estados Unidos:

- cerca de 80% das clínicas abortistas encontram-se em bairros negros e hispânicos;
- morre-se mais negras em decorrência de abortos do que pela soma dos casos de Aids, acidentes de carro, crimes, câncer e doenças cardíacas;
- um bebê negro americano tem 3,75 vezes mais chances de ser abortado do que um bebê branco;
- a cada três bebês negros, dois serão abortados.

Os resultados comprovam a eficácia desse maligno movimento.

Legalização do aborto:
Uma pauta recente?

A questão da legalização do aborto não é uma pauta recente. Há muito tempo já desejam matar crianças dentro do ventre.

Genocídio infantil na América Latina

A seguir, compartilho porções adaptadas do texto de Luis Dufaur, intitulado *Arqueólogos confirmam sacrifício de crianças em cultos pagãos na América Latina*[2], o qual revela um indiscriminado genocídio infantil, praticado por povos vizinhos, por meio de oferendas e sacrifícios.

De acordo com o texto:

> Recentemente foram descobertos os corpos de 227 vítimas de entre 5 e 14 anos perto da cidade costeira de Huanchaco, 570km ao norte de Lima. Como disseram os arqueólogos à agência de notícias AFP, alguns dos corpos ainda tinham cabelos e pele quando foram desenterrados. Embora não esteja claro em que ano eles foram objeto do holocausto, os especialistas acreditam que as crianças foram sacrificadas há mais de 500 anos. A descoberta ocorre apenas um ano depois que os restos de 200 crianças vítimas de sacrifício humano foram achados em outros dois locais no Peru. Segundo a investigação, os corpos das crianças mostram sinais de terem sido executadas durante o clima úmido e enterradas olhando para o mar. Isso significa que provavelmente elas foram sacrificadas para apaziguar as forças da natureza, cultuadas torpemente como divinas pela "cultura" Chimu [uma cultura pré-colombiana, estabelecida no Peru entre os séculos X e XV, que se destacou, historicamente, nos anos 1200-1400 d.C.][3].

Dufaur afirma, no texto, que "os devotos ofereciam regularmente sacrifícios humanos e outras ofertas perversas

---

2   Disponível em: <https://blitzdigital.com.br/arqueologos-comfirmam-sacrificio-de--criancas-em-cultos-pagaos-na-america-latina/>. Acesso em: 12 maio 2022.

3   Idem, p. 111.

durante rituais espirituais". Na reportagem, lê-se que o arqueólogo-chefe Feren Castillo, da Universidade Nacional de Trujillo, disse ao Jornal inglês *The Guardian*:

> Este é o maior local onde foram encontrados restos de crianças sacrificadas. Não há outro igual em nenhum outro lugar do mundo. É incontrolável, onde quer que você cave, há outro (corpo)[4].

O referido jornal noticiou que, em abril de 2018, apareceram em Huanchaquito:

> Os restos de 140 crianças sacrificadas e 200 lhamas, animais oferecidos aos Andes. Os esqueletos continham lesões no osso esterno, provavelmente feitas por uma faca cerimonial. As costelas deslocadas sugerem que o sacerdote tentou extrair o coração palpitante das crianças[5].

Dufaur aponta que diversas culturas ancestrais nas Américas (incluídos os incas, maias e astecas):

> Praticavam sacrifícios humanos, mas o sacrifício em massa de crianças até o presente raramente havia sido tão bem documentado. É um dos aspectos mais horríveis do paganismo embebido de satanismo[6].

Na conclusão do texto, Dufaur defende que a descoberta dessa tragédia:

> Reforça a convicção no acerto da Igreja de enviar missionários que tiraram a América do paganismo, da barbárie,

---

4   Idem, ibidem.
5   Idem.
6   Idem.

da ignorância e da cruel selvageria em que jaziam seus habitantes indígenas[7].

Para além das discussões relacionadas ao genocídio infantil, comprovadamente existente na América Latina em séculos passados, está a realidade de que, hoje, incontáveis pessoas ao redor do mundo discutem a admissibilidade da matança, aos lotes, de crianças inocentes no útero de suas mães. É uma aberração no contexto pagão; é um absoluto e incoerente absurdo no meio cristão.

Tipos de aborto

Veja, a seguir, as características dos principais tipos de aborto (espontâneo, acidental e induzido) discutidos na atualidade[8]:

- Aborto espontâneo — também chamado de interrupção involuntária da gravidez, esse tipo de aborto ocorre de modo natural e por conta de alguma anomalia no corpo da gestante. Alguns fatores de risco são: doenças autoimunes, peso excessivo ou escasso, idade mais avançada, complicações endócrinas, problemas genéticos ou outras enfermidades próprias do organismo feminino. Segundo um artigo publicado no *Post-graduate Medical Journal*, em 2015, resultante de

---

7   Idem.

8   Adaptado de: <https://vieiramiguelmanuel.blogspot.com/2015/11/o-aborto-trabalho-de-direito-por-vieira.html> & <https://www.politize.com.br/aborto-entenda-essa-questao/>. Acesso em: 29 abr. 2022.

um estudo científico, estima-se que 15% das mulheres grávidas com até 35 anos podem sofrer aborto espontâneo.

- Aborto acidental — esse tipo de aborto está relacionado a fatos externos. Como o próprio conceito diz, um acidente sofrido pela gestante pode ser o causador do aborto. Geralmente, esse tipo de ocorrência é mais traumático, porque se trata de algo inesperado, diferentemente, por exemplo, de um aborto espontâneo sofrido em uma gravidez de risco. Nesse caso, a gestante e os seus familiares têm a consciência do perigo e, de alguma forma, podem se preparar emocional e psicologicamente para a dor e o trauma do aborto, caso ele aconteça. Os acidentes que mais causam abortos acidentais são os domésticos, principalmente as quedas, e os de trânsito, entre atropelamentos e colisões. As ocorrências de brigas e espancamentos também podem provocar abortos acidentais.

- Aborto induzido — diz-se que o aborto é induzido quando é feito um procedimento clínico, intencional, para se interromper a gravidez. Nesse caso, geralmente, a gestante está ciente de que o procedimento precisa ser realizado ou ela mesma solicita que ele seja executado. O aborto induzido é, sem dúvida, o que suscita grandes debates públicos e discussões acirradas sobre a sua permissibilidade. Enfim, todo um vespeiro social de interpretações se debruça sobre a questão da prática do aborto induzido.

Em que situações o aborto induzido pode ser realizado?

Os Conselhos de Medicina e a maioria das legislações sobre o aborto, espalhados pelo mundo, consideram que o aborto induzido deve ser feito em três situações específicas:

- no caso de violência sexual, como o estupro;
- no caso de sério risco à vida da mulher;
- no caso de má-formação congênita do feto, desde que se evidencie que ele não sobreviverá fora do útero, mesmo se todo o tempo da gestação for completado.

Por recomendação da OMS, o aborto induzido só *pode* ser feito por profissionais de saúde especializados, atendendo a justificativas que se enquadrem à legislação vigente no país e respeitando os critérios de segurança sanitária e de saúde, geralmente em hospitais.

Os procedimentos clínicos utilizados em abortos *induzidos* variam de acordo com o tempo de gestação:

- de 06 a 16 semanas: método cirúrgico (aspiração a vácuo, sucção ou dilatação e evacuação);
- até 12 semanas: pílulas abortivas (medicamentos que bloqueiam os hormônios da gravidez, fazendo com que o próprio organismo da mulher *expulse* o feto).

Em defesa da fé cristã

Apesar de haver autorização, ou não, para a prática do aborto, de uma coisa não podemos nos esquecer: Deus é a favor da vida e não aceita, em hipótese alguma, que ela seja tirada de alguém. E quem cometer tal ato sofrerá a devida punição, como diz Mateus 5.21 (ACF): "Ouvistes que foi dito aos antigos: Não matarás; mas qualquer que matar será réu de juízo".

O texto em Mateus remete a Êxodo 20.13. No original, a palavra hebraica utilizada é *rãsah*, que se traduz por "assassinar, assassinato". Ou seja, a Escritura é clara: não cometa homicídio deliberadamente, sem uma real e justa causa.

Em uma guerra pode-se matar em legítima defesa. Um policial que enfrenta bandidos fortemente armados, de igual modo, pode fazê-lo, caso contrário irá morrer (nessa situação, ou é o policial, ou é o bandido). Contextualizando biblicamente, afirmo: seria impossível que o exército de Davi vencesse uma guerra sem matar. Dito isso, continuemos.

No movimento feminista, todas, indistintamente, *defendem* a legalização do aborto, independentemente da idade gestacional. E por que eu luto contra o movimento feminista? Porque ele milita contra a vida. As únicas coisas que diferenciam o adulto de um feto (de duas, três, catorze ou quarenta semanas) são tempo e nutrição.

Em 2021, o aborto até 14 semanas foi legalizado na Argentina. Deixe-me dizer uma coisa a você: com 14 semanas, uma criança já tem batimentos cardíacos, já possui impressão digital, já está com o corpo *completamente* formado e já se movimenta no útero da mulher.

Quando se percebe que o atual movimento feminista investe tempo e energia para matar crianças inocentes no ventre de suas mães, e esse mesmo movimento não emprega a força e a energia necessárias para salvar essas crianças, chega-se à conclusão de que há algo muito *errado*.

Na gestação, o agente ativo é a criança; o passivo, a mãe. Se não fosse o invólucro (placenta), o bebê seria expulso do ventre, por ser considerado um *corpo estranho*. Como ousam dizer as feministas: "Meu corpo, minhas regras"? O corpo de uma mulher, porventura, tem quatro olhos, dois corações ou quatro pernas? Crianças, ao contrário de adultos, não têm como dizer "meu corpo, minhas regras"; trata-se, portanto, de uma luta absurdamente injusta e cruel.

Em 2020, em todo o mundo, morreram 1,8 milhão de pessoas em decorrência da Covid, enquanto mais de 42 milhões de abortos foram realizados no mesmo ano. O primeiro chama-se *pandemia*; o segundo, *direito*. Há algo de muito errado neste mundo.

Como nós, cristãos, não estamos nos levantando para combater essa atrocidade? Nas universidades, *grita-se* aos quatro ventos que o aborto é uma questão de *saúde pública*. Quem disse que dar o direito de matar uma criança é uma questão de saúde pública? De onde vem essa ideia absurda? Em que parte da Bíblia está escrito que a vida não começa na concepção?

Jesus foi louvado no ventre de Maria:

> Disse, então, Maria: A minha alma engrandece ao Senhor, e o meu espírito se alegra em Deus, meu Salvador, porque atentou na humildade de sua serva; pois eis que, desde agora, todas as gerações me chamarão bem-aventurada. Porque me fez grandes coisas o Poderoso; e Santo é o seu nome. E a sua misericórdia é de geração em geração sobre os que o temem. Com o seu braço, agiu valorosamente, dissipou os soberbos no pensamento de seu coração, depôs

dos tronos os poderosos e elevou os humildes; encheu de bens os famintos, despediu vazios os ricos, e auxiliou a Israel, seu servo, recordando-se da sua misericórdia (como falou a nossos pais) para com Abraão e sua posteridade, para sempre. (Lucas 1.46-55)

Jeremias foi separado no ventre de sua mãe:

Assim veio a mim a palavra do Senhor, dizendo: Antes que te formasse no ventre, te conheci, e, antes que saísses da madre, te santifiquei; às nações te dei por profeta. (Jeremias 1.4,5 - ACF)

Davi louva ao Senhor pelo fato de ele, pessoalmente, tê-lo formado no ventre de sua mãe:

Pois possuíste o meu interior; entreteceste-me no ventre de minha mãe. Eu te louvarei, porque de um modo terrível e tão maravilhoso fui formado; maravilhosas são as tuas obras, e a minha alma o sabe muito bem. Os meus ossos não te foram encobertos, quando no oculto fui formado e entretecido como nas profundezas da terra. Os teus olhos viram o meu corpo ainda informe, e no teu livro todas estas coisas foram escritas, as quais iam sendo dia a dia formadas, quando nem ainda uma delas havia. (Salmos 139.13-16)

Antes mesmo de você estar no ventre da sua mãe, você foi concebido na eternidade pelo Senhor da vida. Infelizmente, hoje assistimos, apáticos e inertes, a uma guerra violenta, na qual o mais forte se impõe contra o mais fraco, tirando-lhe a vida. Comprar pão ou ver crianças morrendo em açougues clandestinos provocam em muitos o mesmo sentimento: indiferença e desprezo.

O movimento feminista promove manifestações em todo o mundo, requerendo o direito de matar crianças no ventre. O que você tem feito para impedir esse massacre? Você tem feito política, ou seja, tem influenciado as pessoas que estão à sua volta? Repito: se você não fizer, outras pessoas farão no seu lugar.

Há um preço muito alto no inferno pela cabeça de quem defende crianças dentro do ventre.

Hipocrisia que fala?

O movimento feminista é muito *lindo* quando fala para as mulheres abortarem: "Isso! Aborte! Fez sexo de maneira desregrada e engravidou? Aborte!". A esquerda é mestre em oferecer soluções simples para situações complexas. Se um bêbado matar uma pessoa atropelada, será condenado por homicídio culposo (homicídio em que não há a intenção de matar). Por quê? Porque quando você, conscientemente, bebe e dirige um carro, está assumindo o risco de matar uma pessoa. O fato de alguém não ter a intenção de matar outra pessoa não elimina a sua responsabilidade.

A mesma coisa acontece na gravidez indesejada: se duas pessoas fazem sexo sem a devida proteção, ambas estão assumindo o risco de gerar uma vida. E, vamos combinar, ninguém engravida tropeçando em uma bicicleta. Para engravidar, é preciso que haja o ato sexual.

E o que prega o movimento feminista? "Estamos lutando pela vida das mulheres".

Pergunto a você: pela morte de quantas mulheres o movimento feminista não é responsável? Quantas pesquisadoras, missionárias, musicistas ou cientistas esse movimento diabólico não impediu de nascer?

O argumento mais comum do movimento é: "É porque essas crianças vão nascer em um lar pobre... Pode matar".

Volto a perguntar a você: se a dor da pobreza dá o direito à mulher de tirar a vida de uma criança, então podemos tirar a vida daqueles que sofrem nos hospitais? Dores diferentes, mas o princípio é o mesmo.

Uma grande covardia contra as mulheres

Se alguém consegue completar a frase: "Posso matar um inocente quando...", inicia-se aí um processo de genocídio. O nazismo utilizou o mesmo princípio para matar judeus. Sabe por quê? Porque quando não se vê a pessoa que está morrendo, a força para matá-la aumenta.

Como os nazistas matavam grandes quantidades de judeus? Em câmaras de gás. Por quê? Porque ninguém via o que acontecia com aqueles que estavam lá dentro. Ninguém via a agonia, o choro, a dor.

Há uma filmagem (não me recordo em qual documentário vi) de alemães felizes, entrando em um campo de concentração — eles nunca tinham ido a um campo de concentração antes. Depois, nessa mesma filmagem, eles aparecem tristes, chorando, porque descobriram o que, de fato, acontecia lá.

A mesma coisa acontece em relação ao aborto: o movimento feminista vai dar às mulheres toda a força de que elas precisam para praticar o aborto, mas não vai falar para elas que, quando uma mulher aborta, a propensão ao suicídio aumenta, a propensão à depressão aumenta, a propensão à automutilação aumenta.

Quando a mulher estiver destruída, depois de praticar o aborto, não será o movimento feminista que a acolherá. Geralmente é a Igreja quem segura a bomba. É a Igreja quem acolhe e dá refúgio.

É uma covardia absurda o que estão fazendo com as mulheres: estão transformando o útero, um lugar de vida, em um lugar de morte!

Mulher, não permita que o seu útero vire um cemitério. Lute com todas as forças, porque a Bíblia diz que "os filhos são herança do Senhor, e o fruto do ventre o seu galardão" (Salmos 127.3 - ACF).

Um guardião da vida

Indispensáveis nas discussões sobre o tema "aborto" são as considerações feitas pelo Pr. Silas Malafaia, um dos principais representantes dos cristãos evangélicos no Brasil.

E antes que um ponto de discordância seu impeça-o de ler o texto a seguir, lembre-se de que não era você que estava à frente de centenas de pessoas, defendendo a vida em audiências públicas, na televisão, em debates e entrevistas. Valorize aqueles que possuem a coragem que você tanto exige, mas não exerce.

No livro intitulado *Pr. Silas responde*, lê-se:

> Para aqueles que defendem o aborto com base na alegação de que a mulher tem o direito de pôr fim à gestação

de um filho indesejado porque ela é senhora do seu próprio corpo, eu gostaria de lembrar que o feto não é uma extensão da mãe.

Embora precise do útero dela e tenha uma relação simbiótica com ela, o feto é um ser independente. Logo, ela não tem o direito de tirar-lhe a vida.

O feto tanto não é um prolongamento da mulher que, se o óvulo fecundado dela for transplantado para o útero de outra mulher, ele conservará todas as características étnicas de seus genitores. Assim, se os pais da criança forem negros, ela nascerá negra porque não é o útero da mulher caucasiana que determina essas características, e sim os genes.

Além disso, nenhum ser humano tem o poder absoluto sobre o seu próprio corpo. Nós não temos o direito, assegurado por lei, de pôr fim à nossa vida. Se assim não fosse, suicídio e eutanásia não seriam criminalizados.

E não é só isso! Sou contra o aborto, pois trata-se de violência dos poderosos contra os indefesos. Como um embrião ou um feto indefeso pode defender-se de um aborto praticado por uma mulher que não o ama e deseja e de um médico que jurou defender a vida, mas pratica a morte? [...]

Os grupos feministas e outros liberais de esquerda querem forçar a opinião pública e o legislativo para descriminalizar o aborto. Eles levam a discussão para o campo religioso, apelando para o direito à liberdade religiosa e de pensamento. Mas aborto é uma questão de vida humana!

Esses grupos pró-aborto também alegam que é melhor legalizar essa prática por uma questão de saúde da mulher pobre, visto que ela seria mais bem atendida num hospital público do que numa clínica clandestina. Você já tentou ser atendido num hospital público? [...]

Para comover a população e obter a simpatia dela à sua causa, os grupos favoráveis ao aborto costumam evocar situações de estupro ou de risco de morte da mulher. Mas esses casos são uma minoria e já são respaldados pela lei. Não devem servir como argumento para a destruição de uma vida inocente, que não pediu para ser gerada e nada pode fazer para se defender contra os que se opõem a ela. Além disso, os simpatizantes ao aborto deveriam apresentar à população não apenas os argumentos favoráveis à descriminalização dessa prática, mas também os inúmeros problemas que enfrentam as mulheres que já abortaram. Deveriam dizer, por exemplo, que elas correm o risco de ter perfuração do útero e ficar inférteis; que elas têm maior propensão a sangramentos vaginais frequentes, doenças inflamatórias pélvicas, anemia, embolia pulmonar e alto risco de infecções; que, numa segunda gravidez, elas têm dez vezes mais chances de perder o bebê; que são nove vezes mais propensas a suicídios, a surtos psicóticos, à depressão, do que as mulheres que nunca praticaram um aborto.

Em suma, por todos os fatores expostos, nós, evangélicos, somos contra o aborto e a favor da vida humana.

Talvez a questão do aborto não venha a bater à sua porta, mas não feche os olhos para o fato de que o movimento feminista está empenhado em desestimular as mulheres a serem mães. Essa é uma boa maneira de acabar com a família.

Hoje, se alguém pergunta em uma universidade quem quer ter filhos, recebe como resposta: "Ah, eu quero ter um, no máximo, depois dos trinta e tantos anos".

As pessoas estão sendo desencorajadas a formar famílias, sob a alegação de que "filho dá muita despesa". E, nessa toada, dizem que o melhor é ser pai e mãe de *pet*.

Nos dias atuais, se alguém falar que a mulher deve ser submissa ao seu marido e abrir mão de tudo para cuidar dos seus filhos, esse alguém é visto e tratado com intolerância.

E os homens nessa equação?

Tirando um pouco o foco do feminismo, mas ainda falando sobre o tema, preciso dizer: há um grupo que fortalece a narrativa feminista. Sabe como ele se chama? O grupo dos *homens-banana*.

Sabe o que acontece? Nós não estamos sabendo identificar e — por não sabermos identificar — não estamos sabendo exercer os verdadeiros papéis dentro da família.

> Vós, mulheres, sujeitai-vos a vossos maridos, como ao Senhor; porque o marido é a cabeça da mulher, como também Cristo é a cabeça da igreja, sendo ele próprio o salvador do corpo. De sorte que, assim como a igreja está sujeita a Cristo, assim também as mulheres sejam em tudo sujeitas a seus maridos. Vós, maridos, amai vossas mulheres, como também Cristo amou a igreja, e a si mesmo se entregou por ela, para a santificar, purificando-a com a lavagem da água, pela palavra, para a apresentar a si mesmo igreja gloriosa, sem mácula, nem ruga, nem coisa semelhante, mas santa e irrepreensível. Assim devem os maridos amar as suas próprias mulheres como a seus próprios corpos. Quem ama a sua mulher, ama-se a si mesmo. Porque nunca ninguém odiou a sua própria carne; antes a alimenta e sustenta, como também o Senhor à igreja; porque somos membros do seu corpo [...]. Por isso deixará o homem seu pai e sua

> mãe, e se unirá à sua mulher; e serão dois numa carne.
> Grande é este mistério; digo-o, porém, a respeito de Cristo
> e da igreja. Assim também vós, cada um em particular, ame
> a sua própria mulher como a si mesmo, e a mulher reveren-
> cie o marido. (Efésios 5.22-33 - ACF)

> Igualmente vós, maridos, coabitai com elas com entendi-
> mento, dando honra à mulher, como vaso mais fraco; como
> sendo vós os seus coerdeiros da graça da vida; para que
> não sejam impedidas as vossas orações. (1 Pedro 3.7 - ACF)

Quando a Bíblia fala que *o marido é a cabeça da mulher*, que a mulher é *o vaso mais fraco* e que ela precisa *sujeitar-se ao seu marido*, talvez muitos nem saibam — para começar a conversa — explicar o significado de *submissão*.

Nos lugares em que estive palestrando, encontrei diversas mulheres que não conseguiam citar um exemplo sequer de um ato de submissão a seu marido. Se o exemplo é inexistente, a prática, em si, também é.

Obedecer às regras e ordens, de forma humilhante, não é submissão. Isso é subserviência. A submissão bíblica da mulher ao homem nada tem a ver com inferioridade, humilhação ou escravidão.

O que significa *submissão*, afinal? Submissão significa "estar submetido a uma missão maior".

Então, eu pergunto a você: que mulher vai querer submeter-se a um homem que não possui missão alguma? Eis a grande questão.

> Fazemos homens sem peito e esperamos deles virtude
> e empreendimento. Rimos da honra e ficamos chocados
> quando achamos traidores em nosso meio. Castramos o
> animal e exigimos que ele seja fecundo. (C. S. Lewis)

É exatamente isso! Estamos formando homens que não possuem caráter, honestidade ou fibra e estamos esperando que eles sejam homens honrados, verdadeiros e fiéis ao Senhor.

Quando você, homem, trata uma mulher como objeto, ou quando você não valoriza o trabalho dela (no lar ou em uma empresa), você está dando munição para as feministas alardearem: "Olha, estão vendo como até os cristãos não valorizam suas mulheres dentro de casa"? É contra isso que estamos lutando!

Sabemos que é mentira, pois as feministas não lutam, por exemplo, contra os *funks* pornográficos, que tratam as mulheres como lixo. E por que o movimento feminista não se ocupa disso? Porque as feministas não querem lutar por você, mas por elas.

Faça um teste, mulher, diga: "Eu sou mulher e sou submissa ao meu marido", ou "Eu sou mulher e quero dedicar minha vida a cuidar dos meus filhos". Prepare-se, você será automaticamente achincalhada pelo movimento feminista.

George H. W. Bush, presidente dos Estados Unidos, teve um filho, George W. Bush, que também presidiu a maior potência econômica mundial entre 2001 e 2009. Você acha que Barbara Bush, esposa do George Bush pai, mãe de George Bush filho, não teve um papel importante na vida desses dois homens, que simplesmente se tornaram presidentes da maior nação do mundo?

A minha mãe, voluntariamente, eximiu-se de cursar uma faculdade para cuidar de mim e dos meus irmãos. Eu tenho colhido os frutos disso: uma mãe presente e uma educação direcionada são extremamente importantes para qualquer pessoa.

Você, homem, compreenda a importância de não dar munição para o movimento feminista. Seja reto e íntegro; não seja o tipo de homem que cultiva uma masculinidade frágil.

Seja um homem corajoso; se for preciso dar um passo atrás, dê. Se você está vivendo fora dos padrões divinos, dê um passo atrás, pois sua vida depende disso.

66

**VER AQUILO QUE
TEMOS DIANTE DO
NARIZ REQUER UMA
LUTA CONSTANTE."**

GEORGE ORWELL

9

Quinta arma de influência política: Cultura

EM 7 DE ABRIL DE 2018, ANTES DE SE ENTREGAR À POLÍCIA Federal, Luis Inácio Lula da Silva, vulgo Lula, disse: "Não sou mais um ser humano, sou uma ideia". Ele compreendeu que até mesmo a prisão ou a morte não são capazes de impossibilitar a continuidade de uma ideia.

Guarde uma informação: esquerdistas, em todo o mundo, seguem uma agenda. Não importa se estão ou não no poder.

"É questão de tempo pra gente tomar o poder. Aí nós vamos tomar o poder, que é diferente de ganhar uma eleição", disse José Dirceu, ex-ministro-chefe da Casa Civil durante o Governo Lula. Eles executam com maestria o que Antonio Gramsci elaborou.

Para Gramsci, trazendo para os dias atuais, uma pessoa que escreve o roteiro de um seriado é muito mais *perigosa* do que um político que fala para as massas em uma grande manifestação. Sabe por quê? O roteirista consegue fazer com que o eixo do filme mude e vá em direção àquilo que ele (roteirista) quer propor.

Por exemplo, seja sincero: você consegue assistir a um filme de comédia com a família inteira? Por que não? É uma proliferação de cenas de sexo, linguajar obsceno e libertinagem de todo tipo.

Em outras palavras, não tem comunismo vermelho, com foice e martelo, mas tem a esquerda amplificando seus ideais de devassidão sexual, expondo, muitas vezes, as crianças — seu principal alvo.

Plataformas de *streaming* e redes sociais

Vivemos em um "admirável mundo novo", mais virtual do que presencial; mais acessível e, ao mesmo tempo, mais distante; mais conectado e mais ausente.

Redes sociais ou plataformas de *streaming* são instrumentos do Diabo? Não. Mas é preciso compreender que não existe espaço vazio. Se os cristãos não o ocupam, outras pessoas o ocuparão.

Nas plataformas de *streaming*, por exemplo, há séries que relativizam o divórcio; há filmes que romantizam o adultério. Na TV aberta, de igual modo, não são poucas as novelas e programas que colocam o homossexual como *o divertido que se dá bem com todos*; o cristão como *o careta*; o traficante como *o descolado*; a atriz mais bonita como *a que pega todo mundo*; e assim por diante. Todos esses papéis possuem um propósito: modificar identidades e propor novos comportamentos para quem está assistindo.

Por meio de pequenas *pílulas diárias*, a cosmovisão cristã vem sendo alterada. Você acha que um filme não tem a capacidade de influenciar o seu modo de pensar? O que tem sido feito da sua sexualidade, do seu conceito de família, dos seus princípios e valores?

Quem assistiu à série *La Casa de Papel*, na Netflix, talvez não tenha se dado conta de que a cena[1] em que bandidos reunidos em um pátio, falando sobre homossexualidade de forma chocante — do nada —, seja uma estratégia de tratar com normalidade o assunto.

No livro *Maquiavel Pedagogo*, Pascal Bernardin descreve essa tática, chamada "porta na cara", que consiste em fazer uma proposta absurda ao interlocutor para que ele automaticamente a rejeite e, em seguida, aceite uma proposta mais *palatável* — a segunda proposta seria a verdadeiramente pretendida pelo propositor.

Traduzindo a tática. Eu chego à casa de alguém e digo: "Boa tarde, tenho um cartaz aqui de 3 m x 1 m, sobre uma campanha que estou fazendo para a faculdade, e gostaria de saber se posso colá-lo na sua porta". Possivelmente, essa pessoa não autorizará a colagem, pois isso tomará

---

1   A cena em questão está disponível em: <https://www.youtube.com/watch?v=sYDil-5GcUPQ>. Acesso em: 25 fev. 2022.

toda a sua entrada. Sem dar chance de recusa à pessoa que negou a primeira proposta, emendo: "Mas eu tenho um cartaz aqui de 30 cm x 30 cm. Posso colá-lo?". Haverá muito mais chance de a pessoa aceitar a segunda proposta, pois não parecerá tão absurda. No final, terei conseguido o que queria.

O que dizer da série *Lúcifer*, também da Netflix? Os diálogos são todos voltados para fazer-nos crer que é preciso ouvir o *lado de Satanás*. Cada episódio é uma tentativa de modificar a verdadeira identidade de Lúcifer. E na série, Lúcifer ajuda os detetives a solucionarem casos policiais. Que Lúcifer carismático, não é mesmo?

Filmes, séries e outras produções artísticas trabalham com a ficção; sendo assim, não é *errado* que alguns papéis retratem algo mau. Há diversos filmes sobre Hitler, vilões e *serial killers* que reproduzem comportamentos que não compartilhamos. E tudo bem. Mas saiba discernir quando há uma tentativa de modificar sua visão sobre determinado assunto. Não subestime a capacidade de uma produção artística influenciar a sua vida.

O retratista João Menna exemplifica isso muito bem com Larissa de Macedo Machado. Larissa mudou seu nome para Anitta, inspirada em uma minissérie da Globo, chamada *Presença de Anita*. E, adivinhe... a personagem é uma pessoa que possui diversas personalidades e utiliza a sedução como sua maior arma. A vida imitou a arte. E muito bem.

Ainda sobre a Netflix. A série *O Gambito da Rainha*, lançada em outubro de 2020, falava sobre uma menina-prodígio do xadrez, que lutava contra o vício em uma jornada improvável para se tornar a número 1 do mundo. Sem entrar no conteúdo da série, o que chama a atenção são os números:

- mais de 62 milhões de lares assistiram à série;
- a procura por "tabuleiro de xadrez", no *Ebay*, aumentou em 250%;
- as buscas no *Google* sobre "como jogar xadrez" atingiram o pico da década;
- o livro que inspira a série virou *best-seller* 37 anos depois do lançamento;
- o número de jogadores no site chess.com aumentou em 500%.

Eles conseguiram fazer isso com um simples jogo de xadrez. Imagine se eles não conseguem influenciar, por meio da cultura, sua sexualidade, seu conceito de família, seus princípios e valores...

Gênero neutro

"Boa noite a todes!" O correto deveria ser "Boa noite a todos!" Mas por que estão colocando um "e"? Essa é a chamada *linguagem neutra*. Basicamente, de acordo com os defensores dessa linguagem, existem pessoas não binárias, que não se identificam nem como homem nem como mulher. Portanto, ao utilizar "todos", você estaria excluindo essa parcela da sociedade, que representa gigantescos 2% da população brasileira. Qual a solução? Excluir os 98% restantes. Uma atitude claramente democrática.

Não dá para esperar algo diferente do mundo; contudo, quando se olha para a Igreja, percebe-se que já existem movimentos e pastores que utilizam essa linguagem. Precisaremos mudar a língua portuguesa para trazer pessoas para dentro da Igreja?

No Brasil, há diversas comunidades eclesiásticas que promovem cultos apenas para homossexuais, ou com pastores homossexuais. Tudo isso embasado na *Teologia Inclusiva*. Inclui tudo, menos Jesus.

Não haveria qualquer problema em ter um trabalho dentro da Igreja voltado para acolher essas pessoas, uma vez que todos nós somos pecadores. O problema está em chamar, por exemplo, os homossexuais de *coloridos*. O que essas pessoas estão fazendo é romantizar e "glamourizar" o pecado. E não existe nada pior do que desconsiderar aquilo que o próprio Cristo dizia aos pecadores: "Vai-te e não peques mais" (João 8.11b).

Não existe cura para a homossexualidade; afinal, não se trata de uma doença. Para o pecado, existe arrependimento. Antigamente entrávamos na Igreja do jeito que estávamos e passávamos a ficar do jeito que Cristo esperava que ficássemos. Agora não é mais assim; a pessoa entra do jeito que quer e fica como está.

A Igreja tornou-se um local de aceitação impositiva; se não for assim, é tachada de preconceituosa, homofóbica e transfóbica. Se continuar desse modo, chegará o momento em que nós não poderemos sequer falar que discordamos da prática.

Considerações sobre o tema

Como forma de minimizar a discriminação de gêneros — e quaisquer tipos de violências ao público LGBT e demais variações do termo —, esse mesmo público adotou como pauta a defesa da instituição do gênero neutro, não binário, ou seja, não mais seriam adotados os tradicionais pronomes "o" ou "a", "ele" ou "ela", nas mais diversas formas de comunicação social, até mesmo documental.

A pluralidade social em questão de gênero passaria, então, a requerer mudanças gramaticais que, na verdade, são verdadeiros atentados ao idioma de uma série de nações. É a famosa *linguagem neutra*, mencionada anteriormente.

Para exemplificar o que se pretende com o gênero neutro, suponhamos que uma criança nasça com o sexo masculino e tenha sido registrada como João. Lá pelos seus 16 anos, o João decide tornar-se Maria.

Nesse caso, a sociedade precisaria sacrificar a gramática, como prova de aceitação do indivíduo: o João, que virou Maria, não seria mais ele nem ela, mas, sim, "elu"; as coisas não seriam mais dele ou dela, mas "delu". O mesmo truque pronominal se daria no caso da Maria que virou João: ambos deixariam de ser "o" ou "a" para serem "x" ou "@".

Deus criou *homem e mulher*, mas se o ativismo LGBT sentir-se ofendido com o fato de não adotarmos o pronome neutro, teremos de adaptar o que acreditamos para o espaço eclesiástico?

Não basta apenas ser contrário; é preciso posicionar-se diante dessa realidade. Cristãos não compreendem o gênero como o mundo compreende. O mundo acredita que a atração sexual define quem a pessoa é; e nós sabemos que aquilo que define quem somos é Cristo.

Para ter uma ideia, em outubro de 2021, o uso de gênero neutro na língua portuguesa já era tema de projetos de lei em 19 estados brasileiros e no Distrito Federal, de acordo com um levantamento feito pela Agência Diadorim[2].

Não podemos nos esquecer de que todas as construções humanas relacionadas a gênero não passam de manipulações do Maligno, cujo intuito é destruir as famílias e, consequentemente, a humanidade. Trata-se de um tema arenoso, cujo embate se dá no campo das ideias.

Quando a Igreja não tem conceitos muito bem elaborados a respeito das ordenanças e dos mandamentos divinos; quando o Corpo de Cristo se deixa contaminar por ideologias mundanas, perpassadas pela cultura do seu tempo, "frentes evangélicas pela legalização do aborto"[3] surgem por aí.

Portanto, percebem-se alguns aspectos políticos na guerra cultural no Brasil.

- Os canais de comunicação digital potencializaram a propagação de ideologias de ambos os lados.
- *Fake news* (notícias mentirosas) e pós-verdades (manipulações de notícias para finalidades que

---

2 O assunto está disponível em: < https://www.brasildefato.com.br/2021/10/23/brasil-tem-34-projetos-de-lei-estadual-para-impedir-uso-da-linguagem-neutra. Acesso em: 29 abr. 2022.

3 O assunto está disponível em: <https://g1.globo.com/sp/santos-regiao/noticia/2019/02/19/grupo-de-evangelicas-se-une-para-lutar-pela-legalizacao-do-aborto-nosso-direito.ghtml>. Acesso em: 07 mar. 2022.

desviam a atenção da realidade dos fatos) estão sendo muito utilizadas.

- A cultura do "nós contra eles" criou um ambiente hostil, que desfavorece a troca de ideias contrárias de forma democrática.
- Disseminação de sentimentos contrários aos ensinamentos cristãos, como o ódio e o rancor.
- Descrença nas instituições públicas.
- Descaracterização da própria ideologia à qual se pertence. Exemplo: os movimentos de esquerda fingem ser cristãos para aproximarem-se da Igreja e conquistar o eleitorado fiel a Deus.
- Distorção do conceito de democracia.
- Ataques desrespeitosos e duros contra o campo político oposto.
- Falta de interesse político para o conhecimento dos reais e complexos problemas sociais do Brasil atual.
- Clima de insegurança político-eleitoral.

A história de Daniel

A seguir, compartilho porções adaptadas do texto de Vinícius Moura, intitulado *Enfrentando a guerra cultural contra o cristianismo*, cuja reflexão se faz necessária atualmente[4].

Quando Nabucodonosor, rei da Babilônia, subjugou o reino de Judá, ele levou, como reféns, diversos jovens para seu país, entre eles Daniel e três amigos. Com isso,

---

4 Disponível em: <https://www.sercristao.org/enfrentando-a-guerra-cultural/>. Acesso em: 29 abr. 2022.

o objetivo de Nabucodonosor era aculturar o reino de Judá com as ideias da sociedade babilônica, usando-os como ponte entre seu povo e a Babilônia (cf. Daniel 1.1-7).

Houve, assim, um grande choque cultural, uma vez que os jovens foram pressionados a comer alimentos que lhes eram proibidos, de acordo com as regras do Antigo Testamento (cf. Daniel 1.8-16) e a aceitar a divindade do rei Nabucodonosor. Logo, "Daniel e seus amigos tiveram de encontrar meios de continuar a exercer sua fé, mesmo vivendo em um ambiente hostil".

Eles chegaram a ser atirados em uma fornalha, para que fossem queimados vivos; além disso, Daniel foi jogado em uma cova cheia de leões, para ser devorado (cf. Daniel 6.1-23). Contudo, os rapazes não cederam, não comeram alimentos proibidos, nem adoraram a ídolos pagãos, e Deus interveio em favor deles, recompensando sua coragem e fidelidade. Por fim, a vida de cada um foi poupada, e eles continuaram a exercer sua fé.

Daniel nos ensina a necessidade de construir uma identidade forte, visto que ele e seus amigos só conseguiram resistir porque conheciam bem as ideias nas quais acreditavam e tinham plena convicção delas, o que gerou neles compromisso real com sua crença.

Tudo, porém, começa quando o ser humano estabelece uma relação forte e estreita com Deus. Para isso, é preciso conhecê-lo e não se conformar com este mundo, mas "transformar-se pela renovação do entendimento, para experimentar qual seja a boa, agradável e perfeita vontade de Deus" (Romanos 12.2b).

66

A BÍBLIA É MAIS ATUAL DO QUE O JORNAL DE AMANHÃ."

BILLY GRAHAM

Conclusão

A IGREJA PRECISA PARAR DE CAIR NAS ARMADILHAS DE falsos evangelhos, sintetizados na seguinte frase: "Ame mais, julgue menos". Conforme exposto em capítulos anteriores, frases de efeito escondem perigos profundos.

> Sabe, porém, isto: que nos últimos dias sobrevirão tempos trabalhosos. Porque haverá homens amantes de si mesmos, avarentos, presunçosos, soberbos, blasfemos, desobedientes a pais e mães, ingratos, profanos, sem afeto natural, irreconciliáveis, caluniadores, incontinentes, cruéis, sem amor para com os bons, traidores, obstinados, orgulhosos, mais amigos dos deleites do que amigos de Deus, tendo aparência de piedade, mas negando a eficácia dela. Destes afasta-te. (2 Timóteo 3.1-5 - ACF)
>
> E não tenhais cumplicidade nas obras infrutíferas das trevas; pelo contrário, condenai-as abertamente. (Efésios 5.11 - VC)

Há um medo em reconhecer que essas pessoas existem. Talvez por saber quem elas são, ou por saber que são amigas de quem são. Muitas vezes o foco da compaixão é posto no causador do problema, não nas vítimas desse problema.

Quando uma cantora gospel, por exemplo, desonra e suja o nome da Igreja, percebe-se que a primeira atitude que as pessoas tomam é prestar solidariedade a ela, esquecendo-se das outras tantas que foram influenciadas negativamente por seu ato. Isso me lembra dos vários ativistas da PUC, que interrompiam as aulas para pedir doações para presidiários, mas nunca se mobilizaram em favor das vítimas.

Em Gálatas, Paulo já falava sobre essas pessoas:

> Admiro-me de que vocês estejam abandonando tão rapidamente aquele que os chamou pela graça de Cristo, para seguirem outro evangelho que, na realidade, não é o evangelho. O que ocorre é que algumas pessoas os estão perturbando, querendo **perverter** o evangelho de Cristo. Mas ainda que nós ou um anjo do céu pregue um evangelho diferente daquele que lhes pregamos, que seja amaldiçoado! Como já dissemos, agora repito: Se alguém lhes anuncia um evangelho diferente daquele que já receberam, que seja amaldiçoado! Acaso busco eu agora a aprovação dos homens ou a de Deus? Ou estou tentando agradar a homens? Se eu ainda estivesse procurando agradar a homens, não seria servo de Cristo. (Gálatas 1.6-10 - NVI)

Essas pessoas existem. Negar a realidade desses perversos e perturbadores do Evangelho é fortalecê-los.

Tenho um objetivo principal com este livro: fazer com que você compreenda que nós, cristãos, estamos em maioria no Brasil; por isso, precisamos estar preparados para responder àqueles que questionam *a razão da nossa fé* (cf. 1 Pedro 3.15). Se tivéssemos convicções sólidas sobre o fundamento da nossa esperança, não haveria tantas pessoas capazes de influenciar uma geração inteira para o mal. O Brasil não precisa de mais cristãos, mas sim de mais pessoas que vivam o cristianismo.

Quando paro para pensar que Deus nos chamou à vida no ano, no dia e na hora certa, sou tomado pela certeza de que todos nós temos propósitos bem-definidos. Mas, infelizmente, muitos não sabem qual é o seu papel neste mundo e preferem *contar* histórias de Daniel, em vez de ter a disposição de *viver* como Daniel.

O que isso tem a ver com política? Influência!

Você descobrirá o seu chamado quando se sentir *inconformado*. Depois disso, basta canalizar sua energia para a ação e influenciar.

Deus me chamou para dentro da política, local hostil, de péssima fama, que não está na lista de desejos de empregos do brasileiro.

Eu atendi ao chamado e decidi ser um *inconformado* nessa área exatamente por isso. Mudar a visão das pessoas sobre a política é o meu maior foco.

É engraçado porque, depois de estar há um tempo nesse meio, a tendência é que o desânimo e a falta de esperança tomem conta de você. É comum estar sempre com um pé atrás, desconfiar de tudo e não acreditar em ninguém. A prudência é uma virtude do cristão:

> Eu os estou enviando como ovelhas entre lobos. Portanto, sejam prudentes como as serpentes e simples como as pombas. (Mateus 10.16 - NVI)

Mas não podemos confundir prudência com desesperança. Os locais, por mais sujos que sejam, não deixam de ser locais. Portanto, devemos exercer nossa influência em todo tempo.

O meio político é um ambiente em que se prolifera o mau-caratismo. Mas pessoas traiçoeiras só ocupam esse espaço porque homens e mulheres honestos têm se recusado a fazê-lo.

Que tenhamos condições de formar líderes que não se lambuzarão na lama do mau-caratismo — amplamente disseminado no poder público —, mas que permanecerão limpos e íntegros para cumprir o seu chamado.

Tenho certeza de que Deus está levantando uma geração de inconformados. Pessoas que compreenderam que é necessário um avivamento no caráter. Só assim conseguiremos identificar aquilo que precisa ser mudado.

Talvez você tenha uma vida sem sentido; talvez você não consiga identificar o propósito da sua existência. Saiba que Deus está chamando você para assumir o seu chamado, que é conduzir as pessoas ao caminho estreito.

Existe algo a ser feito aqui na Terra que só você pode fazer. Cristo conta com sua voz para lutar contra o movimento feminista, para cuidar daqueles que são deixados de lado, para amparar crianças órfãs, para resgatar pessoas que estão destruídas pelas drogas, para acolher mulheres que abortaram e agora estão destruídas.

Lembro-me de que, quando estava no ensino médio — eu tinha apenas 16 anos —, peguei uma prova em que todas as questões eram sobre a comunidade LGBT. Lembro-me de que toda a sala, professores e coordenação foram conjuntamente contrários à minha posição. Eu simplesmente questionava por que eu tinha de fazer a prova, uma vez que a matéria "LGBT" não fazia parte do conteúdo programático.

Eu me senti profundamente impotente diante dos professores, alunos e de uma escola inteira, mas sabia que não podia ficar sem fazer nada. O que eu deveria fazer então?

Recordo-me bem de que fui embora para casa, recolhi-me no meu quarto e fui sincero com Deus. Eu não queria ser um covarde.

Orei, orei e orei, mas não sentia nada. Parecia que eu precisava de algo visível, de um objeto se movimentando no meu quarto, ou de uma demonstração imediata de Deus para eu ter certeza do que eu tinha de fazer.

Mas a resposta veio diferentemente do que eu esperava. Nenhuma luz acendeu de repente, nenhuma voz bradou do Céu; basicamente eu senti no meu coração que mais pessoas tinham de saber daquilo.

Decidi, então, escrever um texto denunciando o que acontecera. E, desde aquela época, conheci pessoas que estão nessa batalha política comigo até hoje.

Seja fiel agora, você colherá os frutos da sua fidelidade futuramente. Por mais solitário que se sinta, refugie-se na Bíblia, saiba que o Senhor está com você. E isso basta.

Jesus disse, certa vez: "Se o mundo odeia vocês, lembrem que ele me odiou primeiro" (João 15.18 - NTLH).

Muitos cristãos buscam aplausos de um mundo que crucificou o nosso Senhor. Se o mundo tem aplaudido você, fique atento. Há boas chances de a mão de Deus estar imóvel.

Você não precisa ser o cara chato, o cara insuportável, o cara intolerante, mas saiba que, assim que você se posicionar, assim que você for luz, as trevas vão se dissipar. Quando você chegar a qualquer lugar, as pessoas precisam ver o caráter do Reino nos seus atos e nas suas palavras; caso contrário, você não estará influenciando, mas sendo influenciado.

Jesus Cristo morreu por você, carregou uma cruz, recebeu uma coroa de espinhos sobre a cabeça, e você não pode entrar em uma discussão intelectual por ele? Você não pode dedicar um tempo para aprender sobre a sabedoria do Pai?

Eu tenho certeza de que, quando humilhados, se pedimos perdão ao Senhor, ele, que é fiel, cumpre seu chamado em nossa vida.

Talvez exista algo travando sua decisão, impedindo que você realize o chamado de Deus em sua vida. Quebre isso agora, em nome de Jesus. Diga ao Senhor: "Deus, eu estou aqui e me coloco à sua disposição".

Não basta ter disposição e não ter disponibilidade. E vice-versa. Você precisa parar de se aproximar de falsos exemplos deste mundo e passar a se aproximar dos líderes da sua comunidade de fé.

"— Quem estará nas trincheiras ao teu lado?

— E isso importa?

— Mais do que a própria guerra."

Busque pessoas que exalam o caráter do Reino. Até mesmo nos momentos mais difíceis, elas acolherão sua dor nessa caminhada.

Eu mesmo sinto um peso espiritual muito grande sempre que vou a uma entrevista ou a algum outro lugar fazer a defesa daquilo em que creio, mas sei que essa luta:

> [...] não é contra a carne e o sangue, mas, sim, contra os principados, contra as potestades, contra os príncipes das trevas deste século, contra as hostes espirituais da maldade, nos lugares celestiais. (Efésios 6.12 - ACF)

E há um exército chamado Igreja e família que está sempre orando por mim.

João Calvino disse, certa vez: "O cão late quando seu dono é atacado. Eu seria um covarde se visse a verdade divina ser atacada e continuasse em silêncio, sem dizer nada".

Que o Espírito Santo, a partir de hoje, incomode seu coração de tal maneira que você nunca mais consiga omitir-se em relação a Cristo.

Bibliografia

BERNARDIN, P. *Maquiavel Pedagogo*. Campinas: Ecclesiae, 2012.

CAMPAGNOLO, A. C. *Feminismo: Perversão e Subversão*. Campinas: Vide Editorial, 2019.

CAMPOS, A. C. *Registros de Óbitos no Brasil Têm Alta de 14,9% em 2020*. Disponível em: <https://agenciabrasil.ebc.com.br/geral/noticia/2021-11/registros-de-obitos-no-brasil-tem-alta-de-149-em-2020>. Acesso em: 08 mar. 2022.

CRAIG, W. L. *Em Guarda*. São Paulo: Vida Nova, 2011.

FERREIRA, F. *Contra a Idolatria do Estado: O Papel do Cristão na Política*. São Paulo: Vida Nova, 2016.

FREIRE, P. *Pedagogia do Oprimido*. Rio de Janeiro: Paz & Terra, 2019.

GRAMSCI, A. *Cadernos do Cárcere: Os Intelectuais: O Princípio Educativo:* jornalismo. 2. ed. Rio de Janeiro: Civilização Brasileira, 2001. v. 2.

GRASSO, D. *Em 2020, 1,8 milhão de vidas levadas pela covid-19. Em 2021, a esperança da vacina.* Disponível em: <https://brasil.elpais.com/sociedad/2020-12-31/em-2020-18-milhao-de-vidas-levadas-pela-covid-19-em-2021-a-esperanca-da-vacina.html>. Acesso em: 08 mar. 2022.

GRUDEM, W. e ASMUS, B. *Economia e Política na Cosmovisão Cristã: Contribuições para uma Teologia Evangélica.* São Paulo: Vida Nova, 2016.

GUIAME. *Mais de 42 milhões de abortos foram realizados em todo o mundo em 2020.* Disponível em: <https://guiame.com.br/gospel/noticias/mais-de-42-milhoes-de-abortos-foram-realizados-em-todo-o-mundo-em-2020.html>. Acesso em: 08 mar. 2022.

HIRSCH, E. D., Jr. *The New Dictionary of Cultural Literacy: What Every American Needs to Know.* Boston: Houghton Mifflin, 2002.

KIRK, R. *A Política da Prudência.* São Paulo: É Realizações, 2014.

KREEFT, P. *Como Vencer a Guerra Cultural: Um Plano de Batalha Cristão para uma Sociedade em Crise.* Campinas: Ecclesiae, 2020.

LEWIS, C. S. *Cartas de um Diabo a seu Aprendiz.* São Paulo: Thomas Nelson Brasil, 2017.

_____. *Cristianismo Puro e Simples.* São Paulo: Thomas Nelson Brasil, 2017.

LIMA, I. *Grupo de evangélicas se une para lutar pela legalização do aborto: 'Nosso direito'.* Disponível em: <https://g1.globo.com/sp/santos-regiao/noticia/2019/02/19/grupo-de-evangelicas-se-une-para-lutar-pela-legaliza-cao-do-aborto-nosso-direito.ghtml>. Acesso em: 08 mar. 2022.

LOBO, M. *Famílias em Perigo: O que Todos Devem Saber sobre a Ideologia de Gênero.* Rio de Janeiro: Central Gospel, 2016.

MALAFAIA, S. *Pr. Silas Responde.* Rio de Janeiro: Central Gospel, 2012.

MARCUSE, H. *Eros e Civilização: Uma Interpretação Filosófica do Pensamento de Freud.* Rio de Janeiro: LTC, 1982.

MISES, L. von. *A Mente Anticapitalista.* Campinas: Vide Editorial, 2015.

PLATT, D. *Contracultura.* São Paulo: Vida Nova, 2016.

SANGER, M. *The Pivot of Civilization.* USA: G. Wells Library, 2016.

SCALA, Jorge. *Ideologia de Gênero: O Neototalitarismo e a Morte da Família.* São Paulo: Katechesis, 2015.

SHELDON, L. P. *A Estratégia: O Plano dos Homossexuais para Transformar a Sociedade.* Rio de Janeiro: Central Gospel, 2012.

WURMBRAND, R. *Torturados por Amor a Cristo.* Santos: AD Santos, 2005.

Sobre o autor

NIKOLAS FERREIRA DE OLIVEIRA É NATURAL DE BELO Horizonte/MG e tem 27 anos. Nikolas é cristão, casado e conservador.

Formado em Direito pela Pontifícia Universidade Católica de Minas Gerais (PUC), afirma que foi hostilizado várias vezes na faculdade em virtude de seus posicionamentos contra a esquerda e pautas progressistas, como o feminismo e a ideologia de gênero. Criado no bairro Cabana do Pai Tomás, comunidade que fica na Região Nordeste de BH, acredita que os estudantes das comunidades pobres são as maiores vítimas da doutrinação ideológica.

Nikolas foi o segundo parlamentar mais votado da história de Belo Horizonte/MG e escolhido por 29.388 eleitores para o seu mandato como vereador entre os anos de 2018 e 2022. Defendeu a reformulação do currículo das escolas da rede municipal, incluindo temas como o empreendedorismo e a educação financeira. Também foi um defensor da geração de empregos e o suporte aos comerciantes da cidade. Nikolas foi autor de nove projetos de lei aprovados à época na cidade de Belo Horizonte. Em 2022, Nikolas foi eleito para a Câmara Federal como o deputado mais votado do país e o mais bem votado da história de Minas Gerais. Ele foi votado por 1.492.047 milhão de eleitores.

Nikolas também é palestrante e já realizou a sua palestra *Cristão e a política* em todas as regiões do Brasil, Estados Unidos e na Europa. Ele é evangélico e membro da Igreja Comunidade Evangélica Graça & Paz em Belo Horizonte.

 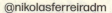 @nikolasferreiradm
 www.facebook.com/nikolasferreiradm/
 @nikolas_dm

Esta obra foi composta em *Swift Neue LT Pro*
e impressa por Gráfica Expressão e Arte sobre papel
Pólen Natural 80 g/m² para Editora Vida.